大英博物馆
世界简史

— 下 —

〔英〕尼尔·麦格雷戈 著

余燕 译

A HISTORY OF
THE WORLD
IN 100 OBJECTS

NEIL MACGREGOR

新星出版社 NEW STAR PRESS

新经典文化有限公司
www.readinglife.com
出　品

Contents 目录

第十八部分　探索、剥削与启蒙运动

第十九部分　批量生产，大众宣传

第二十部分 我们制造的世界

公元一九一四年至公元二〇一〇年

第十五部分

现代世界的入口

公元一三七五年至公元一五五〇年

　　几千年来，各种物品不远万里穿越陆地与海洋，游走于世界各地。尽管存在这些往来，公元一五〇〇年前的世界仍基本分为几个小型网络。没有人拥有全球性视野，因为还没有人能够周游世界。这一部分讲述了世界进入现代化之前最后一段时期内的几大帝国，它们的领土当时还没有人能够一一踏遍，其强大势力也仅囿于国境之内。

71

苏莱曼大帝的花押

书法作品，来自土耳其君士坦丁堡（今伊斯坦布尔）
公元一五二〇年至公元一五六六年

一三五〇年至一五五〇年间，世界上有数片幅员辽阔的强国——南美洲的印加帝国，中国明王朝，中亚的帖木儿帝国，此外还有横跨三大洲的活跃的奥斯曼帝国，其领土东起阿尔及尔，西迄里海，北到布达佩斯，南至麦加。其中两个帝国的统治延续了数百年，而另两个在数代之内便分崩离析。帝国的长治久安靠的不仅仅是刀剑，更是笔墨。换言之，它有着健全而高效的官僚体系，就算不幸遭遇困境或是昏君掌权，也能依靠其安然度过。但矛盾的是，纸老虎反而维持得更长久。本节中将谈到的一个统治耐久的帝国是奥斯曼土耳其帝国，公元一五〇〇年前，它占领了君士坦丁堡，稳固的边防与扩张的力量带来的自信让他们的重心逐渐从军事扩张转移到行政管理上。奥斯曼帝国向我们证明，在现代世界，文书就是力量。

这是一张多么了不起的文书啊。它是幅绝美的绘画作品——是国家的徽章，权力的印玺，顶尖的艺术作品。它被称为花押。它是用钴蓝色墨水以粗重的线条描画在厚纸上，并饰以形如金色花朵的明丽图案。画面左边是一大片装饰性的环，呈饱满的椭圆状，中间三道粗重的竖直线，右边是一个弯曲的装饰性尾巴。这精美的图案其实是字母的组合，是从一张公文顶部裁剪下来的，整体的设计拼出了它所代表的那位掌权苏丹的封号："苏莱曼，塞利姆汗之子，无往不利"。这一句简单的阿拉伯语

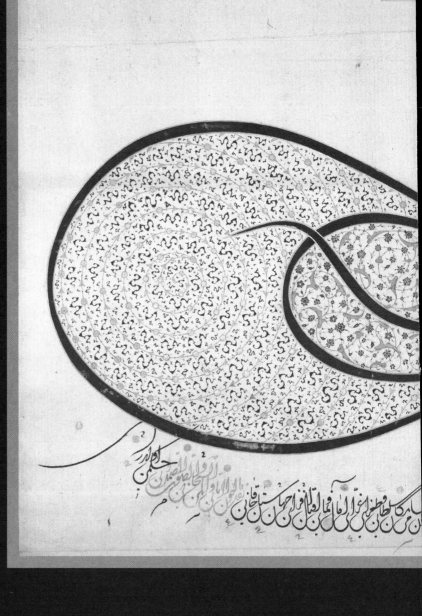

以纷繁的笔法被描画成一枚勋章，清晰地表明了奥斯曼帝国的富足。无怪乎这位与亨利八世及神圣罗马帝国的查理五世同时期的无往不利的苏丹，会被欧洲人尊称为苏莱曼大帝。

一五二〇年登基之时，苏莱曼继承的是一个迅速扩张中的帝国，之后，他以所向披靡之势不断稳固和扩大疆土。短短几年，他的军队便粉碎了匈牙利帝国，占领了希腊的罗德岛，掌控了突尼斯，与葡萄牙争夺对红海的控制权，并对意大利虎视眈眈。苏莱曼似乎想重建一个穆斯林治下的罗马帝国——重拾罗马帝国荣光的梦想不但点燃了西欧文艺复兴的火种，也成为驱使卓绝的奥斯曼帝国成就斐然的动力。这两个相互敌对的世界有着同一个难以实现的梦想。一位威尼斯大使向苏莱曼大帝表达欢迎他日后造访威尼斯的意愿时，这位苏丹回答："当然，在我攻下罗马之时。"他一直未能征服罗马，但如今，世人公认他是奥斯曼帝国最伟大的皇帝。

小说家艾莉芙·夏法克从土耳其人的视角如是说：

> 对许多人，特别是土耳其人来说，苏莱曼都是一位让人无法忘怀的苏丹——他的统治长达四十六年之久。在西方，他被称为苏莱曼大帝，但在土耳其，他被称为"Suleiman Kanuni"，即"立法者苏莱曼"——因为他改变了法律系统。从这个称呼中，我看到了权力、荣耀与尊贵。苏莱曼对征服东西方都极为热衷，因而许多历史学家认为他受到了亚历山大大帝的影响。在这枚花押之中，我也看到了这一表达，看到了一个世界强国。

如果拥有苏莱曼那样疆域辽阔的帝国，你会怎么治理，会如何保证中央权力触及帝国的每一个角落？你需要一个官僚体系。遍布帝国的管理者需要向大家证明他们拥有皇帝授予的权力，而其实现方式便是一枚方便携带并示众的标记。本节的花押即这种标记。它盖在所有重要官方文件的顶部。在当权期间，苏莱曼曾发布过十五万份文件。在建立外交关系、组建强大的行政体系以及推行新的法律制度等事务上，他不遗余力。而上述一切都需要相应的政府文书、给外交官员的指示以及法律文件，所有这些都将以花押图案开始。

这枚花押本身提及了苏丹的姓名。底部那一行文字写的是："此乃苏丹高贵的姓名签字，带给世界光明的崇高图案。愿这份旨意能够在永恒的造物主真主的帮助与守护之下，发挥它的力量。苏丹下诏……"我们所藏的这份文件到此便被截断了，下面应该是一份特别指示、法律条款或命令。有趣的是，画面中有两种文字，花押是用阿拉伯文写就的苏丹的名字，提醒我们，苏莱曼是穆斯林的守护者，有保护整个伊斯兰世界的义务。下面的文字则是土耳其文，说明他的身份是苏丹，是奥斯曼帝国的统治者。阿拉伯文用于表现精神世界，土耳其文则用于描述俗世地位。

土耳其文想必是接受这份公文的官员所使用的语言。花押如此精美复杂，收件人一定也是地位显赫。他可能是省长、将军、外交官或是皇室的一员。文件的目的地则可能位于迅速扩张中的苏莱曼帝国的任何角落。历史学家卡洛林·芬克尔认为：

> 他击败了马穆鲁克帝国，因此埃及和叙利亚的所有阿拉伯人、汉志（位于今沙特阿拉伯西南部）以及几大圣地上的所有人口都成了奥斯曼帝国的臣民。苏莱曼的花押最远可到达波斯边境，波斯是帝国的东方劲敌，萨菲王朝挑战奥斯曼的尝试不曾中断；花押也可远达北非，奥斯曼的远征海军在那里取得了巨大胜利，他们在西地中海压制了西班牙哈布斯堡王朝的势力；向北则可直达今俄罗斯南部。

苏莱曼的奥斯曼帝国控制了地中海的整个东海岸线，势力从突尼斯一直延伸到意大利的的里雅斯特。东罗马帝国终于也在八百年后以伊斯兰帝国的身份得以重建。正是这个全新的庞大国度迫使西欧人转而寻求其他与东方继续交流与贸易的途径，放弃地中海，转投大西洋。不过，这都留待后文提及。

当日的绝大部分公文都已遗失、损毁或丢弃。像我们的驾驶执照和账单难逃消失的命运一样，我们也无法找到奥斯曼帝国的大部分文件。一份公文得以保留下来，最常见的原因是它与土地相关，后代需要公文来证明土地的归属权。因此这张花押最有可能出现在一份涉及大片土地的公文上，目的是确认或转让土地的所有权。它被保存了相当长的时间，直到后世，可能是十九世纪，一位收藏者才将花押剪下，作为艺术品单独出售——这样的解释还算顺理成章。

它不啻为一件杰出的艺术品。钴蓝色线条与金叶子雀跃着绕出一个又一个圈，其中点缀有莲花、石榴、郁金香、玫瑰与风信子，繁茂如花圃。这是华丽的伊斯兰装饰，充满了自然形式的欢快，同时避免了对人体的表现。它也是高超的书法作品，展现了技巧的卓绝与书写的喜悦。奥斯曼土耳其继承了古风，也和同时期的伊斯兰世界成员一样，十分重视书法。与神相关的字眼必须书写出神圣之美。被称作"Divan"的书法家是土耳其文书部门的重要官员，奥斯曼帝国被称为"Divani"的官方文件便得名自他们的头衔。他们创造出的这种极尽繁复的美丽笔法给阅读造成的极大困难早已是众所周知，不过他们是有心为之，其用意在于防止公文出现冗余，同时也能防止公文被伪造。书法家既是艺术家，又是官员，也是将这门技术代代相传的手艺人。在伊斯兰世界，政府公文常常极富艺术性。

现代政客惯于得意地宣扬他们扫除官僚主义的意图。以现代人的偏见来看，它拖慢了效率，阻碍了发展进程。但纵观历史，正是官僚系统护送人们挺过艰难时刻，保证了国家的存续。官僚系统并非惰性的证据，这在第十五节中已得到证明。它的持续如一可以救国家于危难，这一点在中国表现得淋漓尽致。中国是世界上现存的历史最悠久的国家，其官僚体系也颇有历史，这两者并存的现象绝非巧合。下一节的物品便是一张来自中国的纸，它与花押一样是国家的强大工具。它就是纸币。

72

明代纸币

纸币，来自中国
公元一三七五年至公元一四二五年

"你们相信有精灵吗？快说你们信！信的话就拍拍手吧！"

彼得·潘邀请观众和他一样相信精灵的存在以拯救小仙女，这闻名于世的一幕永远都能得到观众的热烈响应。有一种本领，即说服人相信某些看不见但又让人抱有希望的事物真实存在，古往今来一直以各种形式大行其道。以纸币为例，几百年前，某个中国人在纸上印出了一定金额并请所有人相信这张纸确实具有与它注明的金额同等的价值。或许可以说，纸币就如《彼得·潘》中达令家的孩子，应该"和黄金一样珍贵"，或者就本文的背景而言，是和黄铜一样珍贵——其价值与印于其上的铜钱数目相当。现代的整个货币与信用体系便建立在这种单纯的信任之上。纸币的确是人类历史上一项革命性的发明。

本节中的文物便是早期的纸币之一，中国人称之为"飞钱"——"会飞的钱"——它来自公元一千四百年左右的明朝。关于发明纸币的缘由，英格兰银行行长默文·金说：

> 我认为"金钱是万恶之源"这句谚语在某种程度上应当反过来说。纸币的发明旨在解决与他人之间的不信任。但问题是，你能否相信发行纸币的人？发行纸币的责任自然由国家承担，因此接下来的问题是，我们能否信任国家？这个问题也牵涉到我们能否相信未来的

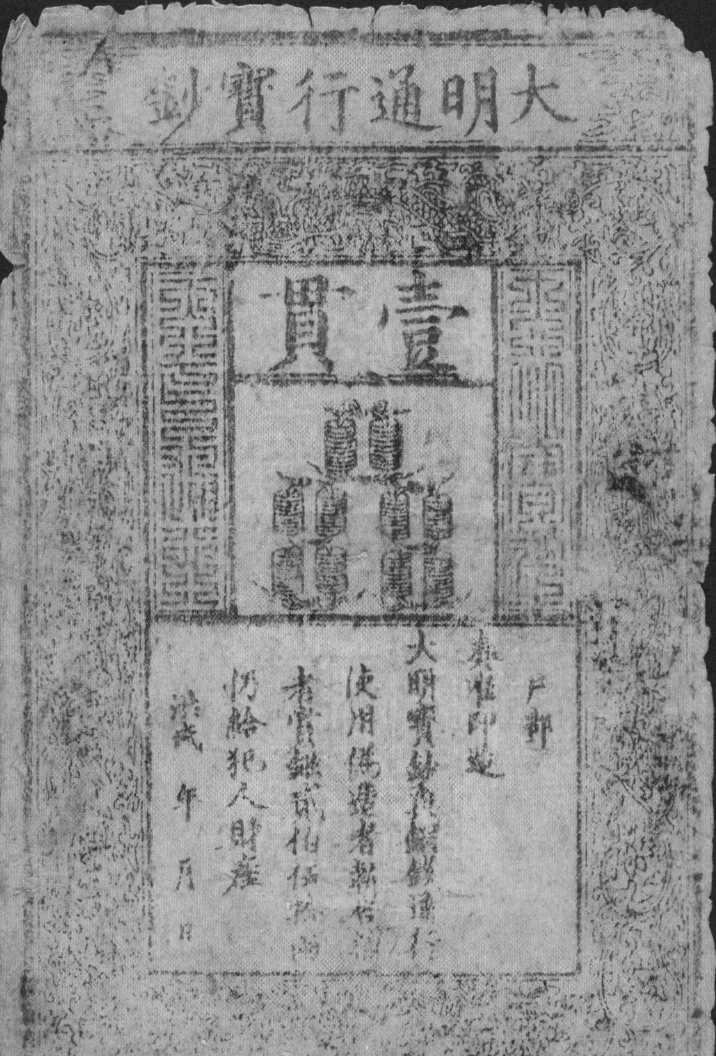

壹貫

戶部

奏準印造

大明寶鈔與銅錢通行

使用偽造者斬告

捕者賞銀貳佰伍拾兩

仍給犯人財產

洪武　年　月　日

自己。

那个时候，世界上大多数地方还在使用金币、银币和铜币，它们具备固有价值，可以通过重量来判断。而中国人已经发现纸币具有大量金属货币所不能及的优势：它轻巧，便携，尺寸较大，允许记载大量文字与图案，不仅能表明它的价值，还能昭示它背后的政府的权威性以及它所承担的种种职责。在恰当的操作管理之下，纸币能成为高效率政府的强大工具。

这张纸币乍看之下与现代纸币全无共通之处。很明显，它是一张纸，比 A4 纸略大，质地柔软，呈现天鹅绒般的灰色。它其实是用桑穰制作的，这是当时中国纸币的官方制造原料。桑穰的纤维长而柔软，因此在六百年后的今天，这张纸币仍然保持着柔韧度，可以折叠。

纸币的一面用木版黑墨分条框印满了汉字与装饰图案。最顶端是六个醒目的大字"大明通行宝钞"，这行字下方是绕着纸张边缘的一圈龙纹花栏。龙是中国的传统标志，也是中国皇帝的象征。龙纹花栏内有两列文字，右列再次强调这是"大明宝钞"，左列则写着"天下通行"。

这声明真是好大的口气。天下能被掌控多久？将这样的承诺印在每一张纸币上，明王朝似乎认定自己能万古长存并保证此币的价值。对这种大胆的断言，我请默文·金发表一下意见：

> 我认为这是一种隐形的合约，合约双方是民众和他们选择相信的、在接下来的百十年中确保纸币价值的决策。这只是一张纸，本身不具有任何内在价值，它的价值是由其背后的发行机构的稳定性决定的。民众一旦相信这一机构能够延续，认为官府所做的保值承诺值得信任，他们就能够接受并使用纸币，纸币也就成了流通中的普通一环。而当政权在战争或革命中被推翻——这一幕屡屡上演，货币系统也就随之崩溃。

事实上，当蒙元帝国的统治于一三五〇年结束之时，在中国的确上演过这样的情况。一三六八年，接管中国的新王朝明朝所面临的挑战除了恢复国家秩序之外，还有重建货币系统。明朝的开国皇帝朱元璋本身是位粗鲁无知的军阀，作为当时中国的最高统治者，他雄心勃勃地推行了一项重塑中国社会的计划，试图用孔子的理念来指导臣民的言行，使社会稳定、民风开化。历史学家提摩西·布鲁克进一步指出：

> 明朝开国皇帝的目标是让儿童掌握基本的读写和运算能力，他认为所有人都应该接受一定的教育。在他看来，识字的好处之一是有利于商业运作——使经济运转更加高效，同时也有助于培养道德观。他希望国民自幼学习孔子思想，学习与孝道和敬老有关的经典。他也希望文化的普及能维护国家的长治久安。想象一下，当时中国社会约有四分之一的人能够阅读这张纸币上的文字，与同时期的欧洲社会相比，这实在是项了不起的成就。

作为这项宏伟政治计划的一部分，这位新登基的明朝皇帝决定发行新的货币。朱元璋明了，一个稳定灵活的货币体系能促进社会稳定。因此他建立了户部，又在一三七四年成立了宝钞提举司，次年开始发行宝钞。

纸币遇到的第一个挑战便是假钞。所有纸币都会遭遇假钞这一威胁，因为纸张的实际价值与其面值之间的落差实在太悬殊。明朝的纸币上还印有对假币举报者的奖励措施。一方面利诱百姓，一方面又恐吓潜在的造假币者：

> 伪造者斩。告捕者赏银二百五十两，仍给犯人财产。

更大的挑战是保证新币价值稳定。为此，明政府实行的最关键的货币政策是确保纸币能自由转换为铜钱——纸钞与一定数量的铜钱等值。欧洲人将这种铜钱称为现金——它们是一种中央有方孔的圆形铜钱，已在中

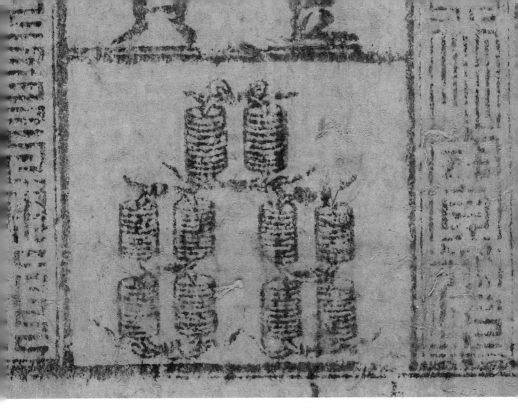

宝钞中间画着连成一串的十摞铜钱

国使用逾千年。这张明代纸币让我很欣赏的一点是，它在正中间画出了
与此纸币面值等额的铜钱，共十串，每串百枚，计一千文，或按纸币上
文字所示，计一贯。若要随身携带，这一数量的铜钱必然不及同等价值
的纸币方便实用。这张纸币上画的一千枚铜钱若用绳子串成一串，总长
可达一百五十厘米，重达三公斤，携带起来十分笨重，取用也同样麻烦。
因而对一些人来说，这种纸币必然让生活便捷多了。时人记载：

> 出钱以收钞，出钞以收钱。此如池中水。虽万世可行。

听起来十分简单。但"万世可行"却曾令大明皇帝苦恼。通常情况下，
实践操作都比理论复杂得多。宝钞换铜钱、铜钱换宝钞的想法从未顺利
实现过。与别的政府一样，明朝也没能抵抗随意加印纸币的诱惑，导致纸
币大幅贬值。明政府发行宝钞十五年后，一位官员记录道，一张面值为
一千文的宝钞已只能兑换二百五十枚铜钱。到底哪里出了问题？默文·金

解释说：

明代没有中央银行，且过量发行了纸币。本质上说，纸币是由铜钱支撑的——发行纸币的原则如此。但实际操作中，这一关系失效了。而一旦百姓意识到这一点，对宝钞实际价值的判定便取决于政府是否会发行更多的纸币，让纸币的实际购买力下降。这样的纸币最终会变得一文不值。

但我以为，并非所有纸币都注定会失败。如果你在经济危机发生的四五年前来问我的意见，我多半会说："我认为我们已经找到了管理纸币的办法。"但在经济危机之下，我们也许应该更为小心谨慎，在此大概可以引用另一位中国伟人周恩来对法国大革命的评价："下结论为时尚早"。在纸币问世七百年后的今天评价它，也许还是太早了。

一四二五年，明政府终于放弃努力，中止了纸币的使用。小精灵逃跑了——换句话说，纸币赖以存在的信用基础崩塌了。银锭转而成为明朝货币制度的基础。但无论管控难度多大，纸币所拥有的无数优势仍然驱使世界各地的人无可避免地重新去使用它。任何一个现代政府离开纸币都无法运作。有关印在中国桑皮纸上的早期纸币的记忆，依然活在伦敦市中心的一个小花园里。二十世纪二十年代，为了向这些纸币先驱致敬，英格兰银行种下了一小片桑树。

73

印加黄金美洲驼

黄金雕像，来自秘鲁
公元一四〇〇年至公元一五五〇年

在大约五百年前，印加帝国的疆域之广超过了奥斯曼土耳其帝国，也超过了明代中国，实际上，它可算是世界上面积最大的帝国。在鼎盛时期，即公元一千五百年左右，其领土自安第斯山脉向下绵延三千英里，总人口超过一千二百万，国民遍布从今哥伦比亚到智利、从太平洋海岸到亚马孙丛林的各个角落。一五二〇年前后，西班牙人将踏上这片土地，把原有的一切破坏殆尽；但在那之前，印加帝国一派欣欣向荣。这个国家没有文字，却是一个高效的军事社会，是以秘鲁库斯科为中心的秩序井然、生产发达、生活富足的文明。它的经济由人力与美洲驼的畜力共同推动——它拥有庞大的劳动力人口和成千上万的美洲驼。虽然它是当时幅员最辽阔的帝国，我们选择来陈述它的历史的，却是本部分中体积最小的文物——一个来自山巅世界的小巧的黄金信使。

印加帝国的政治、军事与社会结构都高度发达，但是由于没有文字，要了解他们，我们只能求助于他们的征服者西班牙人的记录。从这些记录以及遗留下来的文物中我们得知，印加帝国的建立是世界史上最伟大的成就之一。在明朝开始统治中国、奥斯曼土耳其帝国征服君士坦丁堡之际，此帝国也日渐庞大。他们起初只占据了秘鲁南部，到一五〇〇年，领土已扩张了十倍。

安第斯地区遍布着崇山峻岭——这是一个垂直的帝国，沿着山坡开

垦梯田，翻越山脊修建道路。挖凿的灌溉系统与沟渠改变了河流走向，梯田也因而变得肥沃。满盈的仓库和四通八达的交通要道呈现了城市细致入微的整体设计与规划。印加帝国能成功地在难以通达之地开辟出道路，关键便在美洲驼。国家强盛得益于某种动物，这并不是什么新鲜事。科学家及作家贾里德·戴蒙德认为：

> 是否有可被驯养的动物，能够驯养什么动物，对人类文化与历史都有深远的影响。在旧大陆欧亚两洲，大型动物如马、牛、山羊、绵羊和猪，为人类提供了肉、蛋白质与奶。其中体型壮硕的还可供运输使用。比如马、骆驼和驴，足够人类骑乘；还有一些牲畜，主要是牛和马，能替人类拉车。马和骆驼还因为可供骑乘而被用于战争，因而欧亚大陆的民族在与其他大陆的民族开战时占据了极大的优势。可以说，家畜不但促进了人类的定居进程，提供了食物，还是征服的有力武器。

贾里德·戴蒙德所陈述的将当地动物成功驯化的几率相当于中彩票。欧洲与亚洲中了大奖，相形之下，澳大利亚则没那么走运。鸸鹋难以驯化，袋鼠更是无望成为战争中的坐骑。美洲人也同样缺乏手气，不过他们至少有美洲驼。美洲驼的速度远逊于马，运载力不及驴，并且脾气暴躁，一旦疲倦便就地休息，不肯再挪动一步。但是它们极适应高海拔地区，耐严寒，自主觅食，还可以提供驼毛、肉和肥料。美洲驼虽然无法骑坐，但一头健康的美洲驼能轻松运载三十公斤左右的货物，超过如今乘坐飞机的标准行李重量，因此在运输军队补给方面相当有作为。在沿安第斯山脉向下拓展的进程中，印加人饲养了大量美洲驼，用于运输军用物资。这种强壮耐寒的牲口是维系帝国运作和国民生活的基础，因而制作美洲驼雕像也就顺理成章。

这座小美洲驼金像精巧无比，可以托在手心，高仅五厘米上下。它是用打薄的金箔制成的，中空，因而十分轻。塑像栩栩如生——脖子伸直，耳朵警觉地上竖，眼睛圆睁，嘴角明显挂着笑意。对这种经常带着滑稽的高傲或者嘲弄的神情的动物来说，如此赏心悦目的表情极为罕见。在整个印加帝国境内曾出土过许多类似的小金像或小银像，它们一般作为祭品埋在山顶。

印加地形分为三种：一是平坦的海滨地带；二是贫瘠艰险的山坡地带，正是在这片土地上，人们开垦出了著名的安第斯梯田来种植玉米；三是海拔超过三千五百米的山巅之上的高山草原。美洲驼则连接着这三种迥异的印加世界，并把这个庞大的帝国凝聚在一起。这是个多民族的帝国，使用不同语言，信仰不同神灵，不同群体之间常常剑拔弩张。为了治理迅速扩张中的国家，政府使用了各种手段。一些地方势力被无情消灭，也有个别头目被帝国纳入，赐予私人土地并免除赋税。而后期所征服的领土，如厄瓜多尔北部，则更像属国，并未完全融入印加帝国的体系。这些马赛克状的文化之所以会被印加军事机器焊接成强大帝国，依靠的正是成千上万可做运输工具又可食用的美洲驼。据史料记载，早期某场针对西班牙的反抗战争后，战败的印加人丢弃了一万五千头美洲驼。

这尊小美洲驼的制作原料黄金，是构建印加神话的关键元素，它是伟大的印加太阳神的象征，代表了他的生殖能力。黄金被赋予"太阳的汗水"的称号，白银则是"月亮的泪水"。因此黄金与男性力量，尤其与被奉为太阳之子的印加国王本身的力量相关。此帝国的黄金与白银物品鲜有存世，只有一些细小的残片能一展一五二〇年西班牙人初到之时曾提及的炫目奢华。他们描述了用纯金铺就的宫墙，用黄金或白银制成的人兽塑像，居住着闪闪发光的禽类、爬行动物和昆虫的袖珍黄金花园。所有这些都被献给了西班牙人或被他们抢夺一空，然后几乎全部被熔化成锭运回国。

在所有的社会中，播种和收获活动都伴随着祭祀与供奉神灵的仪式。在印加帝国，这种仪式上常会献上活祭，从豚鼠直到贵族的孩子。秘鲁籍的印加文化专家加夫列尔·拉蒙认为，在这样的仪式上，成千上万的美洲驼曾被献祭：

印加帝国通行两套历法，其一是官方的皇家历法，其二为治下的不同省份或区域各自的历法。官方历法试图与农时同步，在重要的播种或收获季举办重大的庆典，其中就包括数个有美洲驼参与的仪式。殖民地作家古曼·珀马曾提到一个十月份的庆典：祭上白色的美洲驼求雨。

印加文化中最盛大的宗教仪式是太阳祭。一位西班牙编年史学家为我们留下了完整的记录：

> 接下来是印加祭司，有大量颜色各异、有公有母的美洲驼幼崽参与。和西班牙的马匹一样，秘鲁的美洲驼也有各种颜色。所有美洲驼都属于太阳。首先献上的一匹被用来占卜此次祭典的吉凶。它被牵上来，头朝东方站立，接着被活生生地劈开左腹，掏走心肺等内脏，并且都得从喉咙下方一次性掏出。如果掏出的肺叶仍在翕动，便被视为大吉。在这头小美洲驼被献祭之后，剩下的大群或公或母的幼崽便被带上前进行普通献祭。它们的喉管被切开，毛皮被剥下，血和心脏被留下来献给太阳。一切最后都会被烧成灰烬。

这位西班牙作家还告诉我们，除了宰杀活的美洲驼之外，各省的首脑也会向君主献上黄金或白银制成的美洲驼塑像，作为这一地区繁盛的牲畜财富的象征。本节中的这头美洲驼可能就是象征物之一，但它也可能是另一种有点令人不适的宗教仪式的祭品。被挑选出来的贵族的孩子在经过宗教净化仪式后，作为活祭品被弃于山顶，献给山神。在他们的尸骸旁也曾发现类似的塑像。

印加帝国财富的积聚不仅仰赖大群的美洲驼，也凭借其强迫臣服者为自己劳作的本事。这些被征服者无论如何都不像美洲驼那般温顺。很多被剥夺了财产、遭受压迫的安第斯人视印加人为外来侵略者，对他们深恶痛绝：

> 印加暴徒已来到家门口……我们如果屈服，便会被夺走自由，失去最好的土地和最美的女人，放弃风俗和法律……我们会成为这些暴徒的奴仆。

印加帝国对许多省份的控制都不堪一击。不断发生的暴乱便印证了潜在的危险。这一点在一五三二年皮萨罗重返美洲征服秘鲁之时，成了印加的致命伤。一些地方贵族立刻抓住机会，与外来者结盟，挣脱了印加的枷锁。

西班牙人除了得到反叛势力的支持外，还配有剑、盔甲和枪，这些都是印加人未曾拥有的，此外最关键的是，他们还有马。印加人从未见识过人骑动物，也没见识过人与动物协调之下形成的速度与机动性。突然之间，印加人的美洲驼显得那么脆弱与迟缓，简直令人绝望。战争迅速结束，区区几百名西班牙士兵屠戮了印加军队，俘虏了国王，扶持了一个傀儡统治者，掠夺并熔化了他们的黄金宝物。我们的这座小美洲驼是为数不多的幸存物之一。

丰富的金矿传说吸引了西班牙人来到秘鲁，但他们找到的却是世界上储量最大的银矿。于是他们立刻开始铸造银币，促进了第一次全球性的货币流通。印加人用美洲驼来衡量帝国的财富；而在后文，我们将看到西班牙人如何用八里尔银币来衡量他们的财富（第 80 节）。

74

翡翠龙杯

翡翠杯，来自中亚
公元一四一七年至公元一四四九年

我们将带你去堂皇的军营，

你会听到西徐亚的帖木儿

用令人惊骇的言语威胁世界，

用征服者之剑让各王国遭殃。

克里斯托弗·马洛的这几句诗让欧洲人对帖木儿大帝的印象永远地定了型，在伊丽莎白时代的英格兰，他的强大仍是一个传奇。回溯几百年，在公元一千四百年前后，帖木儿征服了除中国之外的所有蒙古帝国领土，他所建立的帝国的核心区域如今是几个"斯坦"——乌兹别克斯坦、哈萨克斯坦、土库曼斯坦和塔吉克斯坦。中亚这片广袤的区域一向风云突变，政权不时更迭，一个个帝国兴起、衰落而后消亡——历史总在重演。这一地区不可避免地拥有双重面孔，一张望向东边的中国，一张望向西边的土耳其和伊朗。帖木儿的都城撒马尔罕是连接东西方的伟大的丝绸之路上的要地。这只小小的翡翠杯包含了一段复杂的文化与宗教史，它的原主人是帖木儿的孙子，天文学家乌鲁格·贝格。

月球表面有成百上千个环形火山，它们为观测者增添了趣味与质感，而它们的名字也别有一番趣味：它们组成了一部伟大科学家的名录。不少环形山以哈雷、伽利略和哥白尼等天文学家命名，其中也包括乌鲁

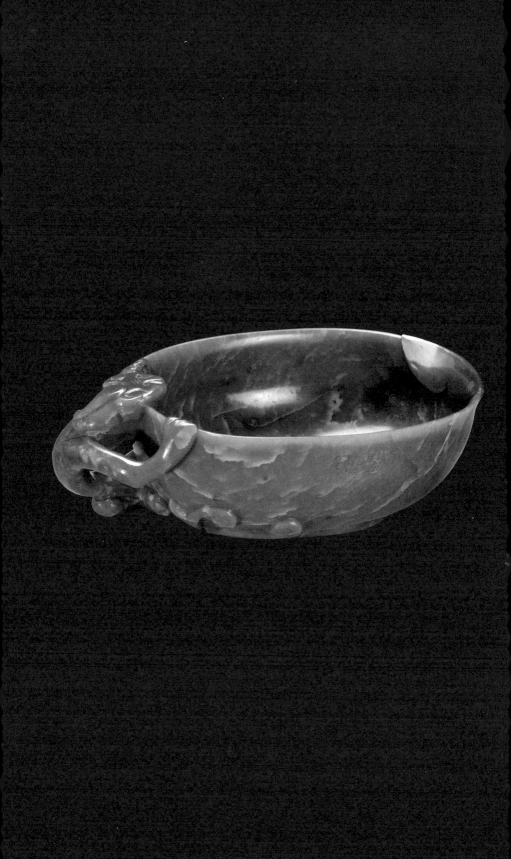

格·贝格。十五世纪初，他生活在中亚，曾在位于现代乌兹别克斯坦的撒马尔罕修建了一座雄伟的天文台，编绘了一部囊括千余颗恒星的星表，后者成了亚洲与欧洲的标准参考资料，并于十七世纪在牛津被翻译为拉丁文，为他赢得了美誉和冠名那座月球火山的殊荣。他曾短暂地身居世界上最强盛的帝国之一帖木儿王朝的统治者之位，这一帝国在其鼎盛时期曾主宰整个中亚地区以及包括今伊朗、阿富汗和伊拉克、巴基斯坦、印度的部分疆域。帖木儿帝国由令人敬畏的帖木儿在公元一千四百年左右创立。他的孙子，身兼天文学家的王子乌鲁格·贝格的名字被刻在了图中的翡翠杯上。

乌兹别克斯坦作家哈里德·伊斯玛里洛夫说：

> 这件物品属于乌鲁格·贝格，实在激动人心。我们如今能够看到阿拉伯文的"Ulugh Beg Kuragan"字样，想象乌鲁格·贝格在抬头观星的时候曾使用它，这实在令人惊叹。

乌鲁格·贝格的这只杯子呈椭圆形，约五厘米高，十五厘米长，论造型更像一只小碗。它用质地细腻的橄榄绿翡翠制成，天然云状纹理一片片飘在光亮的表面。翡翠杯的美自不待提，但除此之外，中亚人还看中了翡翠的保护作用。他们认为玉石能够保护主人免遭雷击与地震之灾，并可以防毒，这一点对杯子来说尤为重要。据说，如果被投毒，玉杯便会裂开。因此杯子的主人可以畅饮无虞。

杯子上的阿拉伯文念作"乌鲁格·贝格库拉干"

这只杯子的把手是一条漂亮的中国龙。它的后爪紧贴着碗底，嘴和带蹼的前爪则抓住杯子的上沿。它从杯沿上向内张望，弓起的身体与杯体之间形成一定空隙，方便抓握。这真是一种亲密的感官体验。

把手也许是中国式的，但杯上的铭文"Ulugh Beg Kuragan"则是阿拉伯文。"Kuragan"意为驸马，原是帖木儿本人的封号，后来传给了乌鲁格·贝格。他们都与成吉思汗的后代联姻，以女婿的身份成为成吉思汗打下的广袤蒙古帝国的继承人。

因此，这个杯子很可能是在撒马尔罕制造的，它的把手显示出与东方的中国的关系，铭文则表现了与西方伊斯兰世界的往来。阿拉伯文字提醒着我们，帖木儿建立的王朝是活跃的伊斯兰国家。位于布哈拉、撒马尔罕、塔什干和赫拉特的众多雄伟的清真寺就是在那时基于一张宏图而兴建的。那是中亚版的文艺复兴。

从大约一四一〇年起，乌鲁格·贝格开始接替其父治理撒马尔罕。他在当地修建了天文台，修订并完善了古希腊天文学家托勒密所拟的星表。和中世纪的希伯来星盘（第62节）一样，这也是古希腊学者与阿拉伯学者研究成果的结晶。但这位中亚的文艺复兴王子与他的祖父，戎马一生的开国皇帝帖木儿并不相像。历史学家碧翠丝·福贝斯·曼兹总结道：

> 他缺乏指挥才能，在某些方面算不上一位杰出的统治者。但他是位优秀的文化扶持者，对天文学和数学的慷慨赞助尤为人所知。这些才是他真正的热情所在，我觉得他对这些事物比对国家或军务上心得多。他也喜欢玉石，因而在他的所有物中发现类似的玉杯不足为奇。他过着奢华的宫廷生活，遵循的道德约束较他父亲为松。乌鲁格·贝格十分虔诚，对整部《古兰经》烂熟于胸，但也有统治者常见的通病，即在某些方面较为放纵，比如宴饮频繁。

一四一五年，中国明朝的一位使节到访撒马尔罕，看到帖木儿王朝

后期的修补处雕刻了土耳其文"神的仁慈无远弗届"

都府无拘无束的生活方式大为惊异：这里还保留着自在随意的半游牧社会的氛围。城区规划十分古怪，传统帐篷，即源自草原的大蒙古包，与现代建筑一并存在。在这位优越感极强的中国访客眼里，撒马尔罕还是一片未开化之地：

> 凡相见之际，略无礼仪。下之见上，则近前一相握手而已。妇女出外皆乘马骡，道路遇人，谈笑戏谑，略无愧色。且恣出淫乱之辞以通问，男子薄恶尤甚。

仅靠个人忠诚维系的帖木儿帝国在历史上昙花一现似乎也在情理之中。作为统治者的民族习惯了草原生活，觉得官府缺少自由。他们未曾建立一个有序的中央政权，也没有成功运作的官僚体系。每一任统治者的去世都造成了混乱。乌鲁格·贝格的父亲试图重振帖木儿帝国，但当他于一四四七年去世之后，继承王位的乌鲁格·贝格仅仅维持了两年的统治。他一度想借帖木儿的威名来稳固自己的大权，于是在他祖父的墓上盖了一块用稀有黑玉制成的纪念碑，其上用阿拉伯文宣告世人："在我苏醒之际，世界将为之战栗。"他一定万分渴望看到一个他自知永远无法企及的强权的回归。大地不会因乌鲁格·贝格而战栗。哈里德·伊斯玛里洛夫在这个翡翠杯里看到了诗意的隐喻况味：

> 玉杯在此地区被视为个人命运的象征。当我们说"杯子已满"时，意味着命数已定。乌鲁格·贝格的侄子、伟大的诗人巴布尔在一首诗中写道：哀兵不可尽数，唯有斟上烈酒，以杯为盾。这就是酒杯的象征意义——它是盾，是抵挡哀兵的抽象盾牌。

但这一次，盾牌没有发挥效力。直至生命结束，哀兵一直在乌鲁格·贝格左右。他维持两年的统治不仅短暂，而且凄惨。名副其实的大军攻入了撒马尔罕，他于一四四九年溃败，被其长子俘虏，交给一名奴隶斩首。但他并未从此被遗忘。他的侄孙巴布尔建立了莫卧儿王朝，将他的遗骸埋葬在黑玉纪念碑之下，与伟大的帖木儿大帝相伴。

帖木儿帝国的统治至此结束。中亚再一次分崩离析，成为各方势力纷争的战场，其中还包括来自西方的新兴强国奥斯曼帝国。我们的玉杯也记录了后续发展。在某一时期，也许在乌鲁格·贝格去世后很久，这个珍贵的玉杯可能被摔过，导致一端严重裂损。不过这道裂缝后来用白银修补了，白银上还有一句雕刻于十七或十八世纪的铭文，当时距乌鲁格·贝格被杀已有三百多年。铭文为奥斯曼土耳其文，因此玉杯在当时应已辗转来到了伊斯坦布尔。上面写着"神的仁慈无远弗届"。

不幸的乌鲁格·贝格可能不会赞同这句话。玉杯被刻上土耳其文之时，俄罗斯帝国已扩张到原属帖木儿帝国的地区。到十九世纪，整个地区都将并入俄罗斯帝国旗下，撒马尔罕被纳入另一个中亚帝国的版图——先是沙俄，其后是苏联。直至一九八九年苏联解体，帖木儿人再度经历习以为常的剧变。

乌兹别克斯坦是后苏联时期崛起的新生国家之一。它在努力寻求自己的身份定义之时，希望在历史中找到与俄罗斯、中国、伊朗或土耳其都无关的元素。现代乌兹别克斯坦的纸币便向世界宣称，他们是帖木儿帝国的后裔：纸币上绘有黑玉纪念碑陵墓的图案，即乌鲁格·贝格和帖木儿大帝的长眠之地。

毫无疑问，乌鲁格·贝格作为天文学家所取得的成就比作为一个摇摇欲坠的帝国统治者所立下的功业要大得多。有一个安排也许恰到好处：以他名字命名的月球火山位于风暴洋附近。在面对风暴之时，他的玉杯能提供的只有安慰，而不是任何保护。

75

丢勒的《犀牛》

木版画，来自德国纽伦堡
公元一五一五年

南大西洋中部小小的圣赫勒拿岛最让人津津乐道的故事，恐怕当数它作为天然的监狱，囚禁了在一八一五年的滑铁卢战役中失利而被流放的拿破仑·波拿巴。不过还有一个震惊欧洲的奇迹也曾在这座小岛上驻留——当然，和那位法国皇帝相比，它的破坏性可小多了，而且对于一五一五年的欧洲而言，也确实算是奇迹。它是一头印度犀牛，同样也被囚禁了起来，不过是在一艘从印度远航至里斯本、在此地做短暂停留的葡萄牙货船里。这趟旅程可算是航海史上的一次伟大胜利。当时欧洲正处于迅速扩张的边缘，很快就将在世界各地探索、测量、征服，这些都有赖于船舶建造与航海技术日新月异的发展。此外，人们也热衷于将迅猛发展的科技记录下来并加以传播，而这要依靠另一项技术——印刷术。这两种不同的发展在本节的文物上均得以体现，它是文艺复兴时期最著名的画作之一，所描绘的这头印度犀牛至少在一个方面比拿破仑幸运：它的肖像是由阿尔布雷特·丢勒绘制的。

在前几节里，我讲述的文物来自四大内陆帝国，五百年前，它们都掌控着大面积的内陆土地。而本节中的文物关涉到刚刚崛起的海洋帝国葡萄牙。数个世纪以来，印度洋地区与欧洲一直进行着稳定的香料贸易，但在十五世纪晚期，奥斯曼土耳其帝国占领了东地中海，切断了传统的贸易路线（第71节）。为了继续享用亚洲商品，西班牙与葡萄牙不得不

Nach Chriſtus gepurt.1513.Jar.Adi.j.May. Hat man dem groſmechtigen Kunig
Rhinocerus.Das iſt hye mit aller ſeiner geſtalt Abcondertfet.Es hat ein farb wie ein geſ
Aber nydertrechtiger von paynen/vnd faſt werhaſſtig.Es hat ein ſcharff ſtarck Horn
ſantz todt ſeyndt.Der Helffandt furcht es faſt vbel/dann wo es Jn ankumbt/ſo laufft
vñ erwürgt Jn/des mag er ſich nit erwern.Dann das Thier iſt alſo gewapent/das Jn

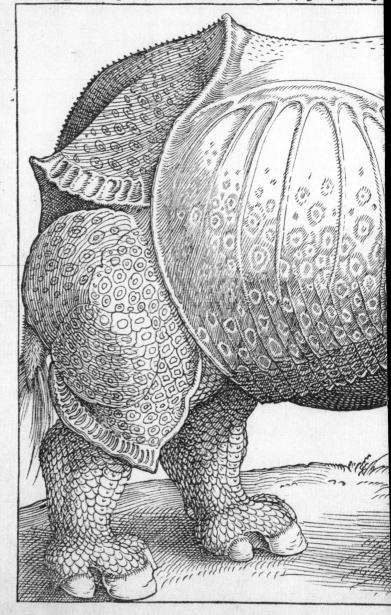

anuell gen Lysabona pracht auß India/ein sollich lebendig Thier. Das nennen sie
t.Vnd ist võ dicken Schalen vberlegt fast fest.Vnd ist in der gröff als der Helfandt
Das begynndt es alweg zu wetzen wo es bey staynen ist.Das dosig Thier ist des Helff
em kopff zwischen dye fordern payn/vnd reyst den Helffandt vnden am pauch auff
ts kan thün.Sie sagen auch das der Rhynocerus Schnell/ Fraydig vnd Listig sey.

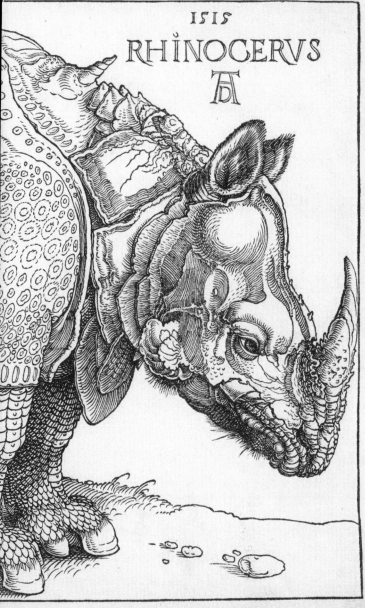

1515

RHINOCERVS

另辟蹊径。两国都冒险向大西洋进发，在当时，这片海域对长途航行来说风险极高。在寻找印度的过程中，西班牙向西行进，发现了美洲；而葡萄牙则向南航行，沿着非洲似乎无穷无尽的海岸线转过好望角，终于进入印度洋，到达了富饶的东方。在亚洲和非洲，他们修建了数个休息站，包括港口和贸易点，然后沿着这条路线运输香料等舶来品，其中便包括本节中的犀牛。

丢勒的《犀牛》为木刻版画，绘有一头巨型野兽，头顶的字母"RHINCERVS"（犀牛）表明了它的身份，其上有表示年份的"1515"，以及画家的姓名缩写"AD"。犀牛侧身而立，头部偏向右方。丢勒很巧妙地给图画加了边框，将犀牛的身体圈进一个仅能勉强容身的密闭空间，给人一种受束缚的观感。他还故意舍弃了一部分犀牛尾巴，并让它的角紧紧地抵住右边框。画面给我们的感觉是，犀牛在试着逃跑，一定会惹出大麻烦。

在围住犀牛的边框之上用德语写道：

> （一五一五年五月）得自印度的活动物——犀牛——运抵里斯本，献给英明神武的葡萄牙国王曼努埃尔一世。它的模样如下所示。其颜色类似斑点乌龟，遍体覆盖着厚鳞片，个头类似大象，但腿更短，刀枪不入。……有人说它行动迅捷，活泼而狡猾。

犀牛来到欧洲的故事告诉我们，葡萄牙不仅想跟印度进行贸易往来，还想在当地建立永久基地——这是欧洲人侵占亚洲土地的开端。这一目标的得逞在很大程度上要归功于阿方索·德阿尔布克尔克，葡萄牙帝国驻印度第一任总督、印度殖民地的有力开拓者，也是为我们带回犀牛的人。一五一四年，阿尔布克尔克去与古吉拉特苏丹商谈一座岛屿的使用问题，随行使节带去了奢华的礼物。苏丹也有回礼相赠，犀牛便是其中之一。这件活生生的礼物似乎让阿尔布克尔克有些不知所措，他因此借葡萄牙一个小型舰队路过之机将犀牛送回里斯本，作为给国王的贡品。一头犀牛的重量在一点五吨到两吨之间，在十六世纪，用船运送这样一头庞然大物无疑是个巨大的挑战。

一首意大利小诗赞颂了这次震惊整个欧洲的航行：

> 我是那头被运抵此地的犀牛，来自幽暗的印度，
> 来自光的入口与昼的门户。
> 我登上驶向西方的舰队，踏上勇敢无畏的航行，
> 勇闯新天地，看看新世界。

一五一五年一月初，犀牛踏上了旅途。陪伴它的除了它的印度饲养员奥森，还有大量的大米，这种食物对犀牛来说可能有点古怪，不过体积比它日常的草料小得多。我们不知道犀牛对这一食物作何想法，不过至少它活了下来。经历了一百二十天的海上旅途和仅仅三次短暂停留——莫桑比克、圣赫勒拿岛和亚速尔群岛，它在五月二十日抵达了里斯本，引得大批民众前来观赏，啧啧称奇。

犀牛抵达的那个时期，欧洲人既着迷于海外充满可能的未来，又积极谋求恢复内部深远的传统。在意大利，人们正以极大的热情发掘古罗马的建筑与雕像，这些考古工作逐渐揭开了过往世界的真相。来自东方的异域生物犀牛的现身，对受过教育的欧洲人来说，是另一件古董重见天日。罗马作家普林尼曾描述过一种类似的生物，它们一度是古罗马圆形剧场中的明星，但在其后逾千年的时间内在欧洲销声匿迹。古物的再现十分振奋人心，可被看作一种活生生的动物学的文艺复兴，且伴随着充满异域风情的东方财富的诱惑，无怪乎丢勒会做出如此强烈的反应。历史学家菲利佩·费尔南德兹·阿梅斯托认为：

> 犀牛的重要性在于它让大家见证了古文献的具象表现——普林尼在《自然史》中用不长的篇幅提到了犀牛。因此，连最显赫的人物见过它之后都说："你知道吗，普林尼说的是真的！这种动物确实

存在。它就是古文献可靠性的有力证据……"这也是丢勒绘制它的理由，是关于它的版画在欧洲各地热销的原因。

葡萄牙国王决定把这头犀牛作为礼物送给教皇，他需要对方支持自己确立对东方国家的支配权，而他深知教皇和整个罗马都将为犀牛着迷。但是这头可怜的犀牛没能踏上意大利的土地。运载它的轮船在离开拉斯帕恰港口后遭遇了风暴，船上人员全部遇难，作为游泳好手的犀牛由于被铁链拴在甲板上，也没能逃过一死。

但这头犀牛的故事却一直流传着。在这头异域生物活着之时，关于它的诗歌、故事和素描便已传遍欧洲。有一张素描传到了纽伦堡的丢勒手里。我们不知道那幅素描原作如何，但没有亲眼见过犀牛的丢勒参照它完成的作品明显带有很多艺术家自己的想象成分。乍看上去，它很像印度犀牛的模样，粗壮结实的大腿，如披着盔甲般的身躯，长鬃毛的尾巴，以及头上标志性的独角。但细看之下有些地方不对，事实上，如果跟真实的犀牛比较，谬误之处有很多。它的腿上也有鳞，脚趾过于巨大而且外翻，皮肤上有褶皱，僵硬的线条从腿部往上延伸，看起来更像是一层盔甲，而不是皮肤。它的脖子上还有一个多余的小角，没人知道它是怎么回事。这头奇怪的长着胡须的生物浑身布满了鳞片与旋涡状图案，令人立刻联想到军用品或者装饰品。

尽管和真实的犀牛相去甚远，但由于真实的那头已经淹死，丢勒的这幅画像便成了数百万欧洲居民心中的犀牛形象。得益于木版印刷技术，丢勒能够大量印制此画像，满足了无数民众对这种生物的好奇心。

丢勒所生活的纽伦堡是座巨大的商业中心，也是首批印刷店铺与印刷商的根据地。一五一五年，丢勒本人已作为版画制作人小有名气，因此各方面条件都适合他将自己绘制的犀牛变成能赚钱的印刷品。他一生中卖出了四千到五千张犀牛画像，此后以其他形式出版的销量更是以百万计。这一形象已深入人心，就算后来出现了描画更为准确的版本，丢勒的犀牛画像在有关自然史的作品中的地位仍不可动摇。十七世纪，它的复制品无处不在，从比萨教堂的大门到南美哥伦比亚某座教堂的壁画都有它的身影。如今，它也出现在马克杯、T恤和冰箱贴上。

在创作这幅《犀牛》五年之后，丢勒遇到了另一种充满异国情调的物品。一五二〇年在布鲁塞尔，他见到了由阿兹特克马赛克拼贴出的各种面具及动物造型，它们与犀牛一样新奇而令人激动。"各种奇妙的物品，"他写道，"用途各异，在我眼里比奇迹更美丽。"欧洲人将要面对的各个新世界，会从根本上改变他们看待自我的方式。

第十六部分

第一次经济全球化

公元一四五〇年至公元一六五〇年

在这一时期，欧洲人第一次冒险远离了自己的大陆。其中成就最大的莫过于沿非洲西海岸进入印度洋，以及横跨大西洋之举。航海技术的突飞猛进为航海帝国的崛起提供了可能性，同时也带来了第一次经济全球化。从欧洲到美洲，到中国和日本，西班牙八里尔银币成了这次浪潮中通用的货币。也正是在这期间，荷兰东印度公司成为世界上第一家跨国公司，将商品从远东运送到欧洲市场。在探险家与商人的带动下，几种不同的文化首次得以相互接触，结果各异：西班牙探险家来到墨西哥，导致了阿兹特克帝国的灭亡；相反，葡萄牙和贝宁王国互惠互利，葡萄牙水手提供给贝宁人渴求的黄铜，换取了象牙和棕榈油。

76

机械帆船

机械帆船，来自德国奥格斯堡
公元一五八五年

　　这艘华丽的船已备齐帆和桨，等待起航。船尾上端坐着日耳曼民族神圣罗马帝国的皇帝，正接受大臣们的依次致敬。深置于船舱中的管风琴演奏着音乐。之后大炮开火，发出爆炸声响，烟雾升腾中帝国的帆船威武地前进了。

　　但这一切都是缩微版本。这是一件用抛光的铜和铁精心打造的模型，高约四十厘米。设计者的目的并非让它下海航行，而是在奢华的桌面上缓慢行进。它是一件装饰品，附带八音盒和时钟功能——由这种十六世纪欧洲最常见的肩负着战争与贸易重任的带桨帆船集于一身。内部的精巧装置原本可以让它发出声音，放出烟雾并缓缓移动。如今它已沉默无声，静静地停泊在大英博物馆里，但其外观依然华丽动人。这艘船是文艺复兴时期欧洲人打造的最华美的机械玩具之一，它不仅是对欧洲造船业的概括，也是一四五〇年至一六五〇年欧洲的缩影。在这两百年间，欧洲对世界的认识以及自身在世界上的地位发生了翻天覆地的变化。承载欧洲扩张的动力装置便是大型帆船，一种为远洋航行特别设计的新型船只，尤其能很好地适应大西洋的风。正是搭乘这样的船只，欧洲探险家穿越外海去往各大陆，与其他社会进行了接触，很多都是史上第一次。

　　这艘模型船从未经历狂风巨浪，充其量只跨越过欧洲贵族的豪华餐桌。但它的造型结构与欧洲那些远洋巨轮并无二致，也与亨利八世的"玛丽罗斯"号战舰同款，最值得一提的是，它也是一五八八年西班牙派出的对抗英国无敌舰队的船型。这种通常有三桅的圆身战舰能装载军队和枪支，是十六世纪所有国家海军力量的关键组成。不过荒唐的是，它们也是流行的餐桌装饰，被提及时总使用法语称呼——"nef"（船型桌饰）。

海洋考古学家克里斯托弗·多布斯是朴次茅斯造船所"玛丽罗斯"号的负责人。他把"玛丽罗斯"号与这艘镀金船形桌饰作了对比：

> "玛丽罗斯"号与这艘船不尽相同，年代也更久远一些。"玛丽罗斯"号本身是海军军备的重要部分，它是最早在吃水线附近专门布置带盖炮口的船只之一。这些船只都是当时国家军事实力的象征，类似现代的宇宙飞船，因而举足轻重。所以我认为，这也是人们骄傲地在豪华餐桌上摆放船形装饰的原因，它不仅是一个设计精巧的机械摆件，也体现了战舰的荣耀，甚或代表了当时社会最先进的技术。

巨轮是当时欧洲最庞大而复杂的机械。这一缩微版的机械帆船也不愧为令人惊叹的杰作，是机械生产和金饰业的高超技术与艺术水准的集大成者。不过略有矛盾的是，它来自一个距海洋数百英里远的社会，其制造者、当地工匠汉斯·斯洛特海姆很可能从未见过一艘真正的远洋船。制造时间是在十六世纪末期，地点是神圣罗马帝国治下的自由市、位于德国南部的富裕的奥格斯堡。当时的罗马帝国东起波兰，西至比利时一带的海峡口岸，奥格斯堡也在其中，和其他帝国辖地一起宣誓效忠于鲁道夫二世。

我们所看到的端坐于船尾的人物形象正是鲁道夫。在帝王面前站有七个选帝侯，他们是德语世界中各个教会与城邦之主。他们选举新的君王，此间收受贿赂，大发横财。这艘船很可能是为选帝侯之一、萨克森的奥古斯都一世制作的。

奥古斯都的财物清单中，有一件财物的描述与大英博物馆的这艘帆船几乎完全吻合，因此我们相信，它所记录的正是这件船形桌饰。

　　神圣罗马帝国皇帝高坐于船尾，身边立着七位选帝侯

一艘镀金帆船，工艺精湛，附有每一刻钟及整点报时的钟表，每二十四小时上一次发条。在三根桅杆之上的瞭望台中站着一个会旋转的水手，用锤子敲钟报时。神圣罗马帝国皇帝坐在宝座上，面前走过七位选帝侯及使者，正接受封地并向皇帝致敬。此外，十名号手与一名定音鼓鼓手交替宣告盛宴开始。另有一名鼓手与三名侍卫，十六门小炮，其中十一门能够进行自动装载并发射。

那些从德国南部前来参加宴会的宾客在看到这有趣而惊人的物品开始运行并听到它发出的声响时会有怎样的想法？他们当然会赞叹这件钟表装置的精巧趣味，但同时也一定能完全体会到它隐含的寓意——它是国家这艘战舰的象征。自古以来，在欧洲文化中便有将国家喻为船只、将统治者喻为舵手或船长的传统。西塞罗便常使用这一比喻。英语中的统治者"governor"一词源自拉丁语中表示舵手的"gubernator"。更有趣的是，"gubernator"来自希腊语的"kubernetes"，后者也是英语中控制论"cybernetics"一词的来源。因此统治、掌舵与机器人技术的概念在我们的语言中，也在这艘船中产生了交集。

这艘战舰模型所象征的国家独一无二。神圣罗马帝国在欧洲史上绝无仅有。它的领土涵盖了现代德国及其他一些地区的大面积土地，而其国家机器与这艘帆船的结构一样复杂。它不是现代意义上的国家，而是由教会土地、贵族领地以及小型富裕城邦组成的复杂网络。这是一个包容众多不同元素，以对君主的忠诚为基础而凝聚的古老的欧洲梦想。历史证明，这个梦想具有惊人的可行性。

在这艘镀金帆船制作之时，将国家譬作船只的古老比喻又获得了新意。船舶成为人们对机械与技术的浓厚兴趣的焦点，它们吸引着全欧洲的统治者，让他们深深着迷。历史学家丽萨·贾丁认为：

> 各种富人，各色权贵，人人都想拥有一些科技产品——某种带有齿轮、转轮和发条装置的东西，也许是一件装饰性的钟表或装饰

性的定位设备。拥有科技产品是一种时尚，因为它们是扩张与探索的工具。从根本上讲，发条装置是欧洲产物，在十六世纪早期便已出现，且至少已开始小规模生产。它依靠纯手工制作，通常由银匠或金匠完成，要求耐心细致，完全无法量产。上过发条之后不需触碰就能自主运行的物品立即让所有人趋之若鹜。发条装置是十六世纪的奇迹。

它确实是一项奇迹，同时也是十六世纪德国的重要贸易品。以这艘船为例，最伟大的技术不是造型，也不是镀金，而是钟表与自动装置。欣赏者会连连赞叹它的精密、精准及高雅，它象征着现代欧洲国家早期所向往但鲜能实现的理想：各个城邦在同一位仁君以及统一方针的指导下各司其职、和谐并存。它的魅力甚至走出了欧洲：类似这艘帆船的机械装置曾被赠送给中国皇帝与奥斯曼土耳其苏丹，获得了高度赞誉。从德雷斯顿到东京，哪位君主不会为这种严格遵照指令坚定不移地运转的装置而满心喜悦？它与现实世界中混乱无序的统治截然不同。

就算是在十六世纪，这样的自动装置也远不只是富人的把玩之物：它们是实验科学、机械学、工程学和关于永动机的探索的核心，反映了人们意欲通过掌握世界运转的奥秘来逐渐掌控整个世界的愿望。更进一步地说，它体现了人们以机械手段模仿生命的迫切需求，这种需求奠定了现代的自动化及人工智能的基础。可以说，正是在公元一千六百年前后，人类将世界视为整套机械装备的观念逐渐成形，宇宙被视为一种机器，虽然复杂难解，但最终能够为人所操控。

这艘帆船所象征的神圣罗马帝国为自己烦冗的管理体系所限，又被宗教势力分化削弱，驶向了波涛汹涌的大海。东部被土耳其包围的它，即将在面向大西洋的葡萄牙、西班牙、法国、英国和荷兰等西欧国家面前黯然失色。这些国家在帆船所承载的新兴航海技术的支持下，开始与世界各地展开广泛交流，为自己带来前所未有的财富，也改变了欧洲的力量格局。他们乘坐着类似这艘镀金帆船的巨轮远航，遇见了未知的王国，为那里的文化及繁荣而陶醉，与它们进行贸易，频繁对它们做出错误的解读，并最终摧毁了数个文明。这种远航在很大程度上塑造了我们今天所生活的世界。在下一节中，我将讲述这些新式帆船带领欧洲人前往的第一片土地：西非。

.

77

贝宁饰板：奥巴与欧洲人

黄铜饰板，来自尼日利亚贝宁
公元一千五百年至公元一千六百年

二〇〇一年英国人口普查显示，每二十个伦敦人中就至少有一个非洲黑人后裔，近年来，这一比例还在不断增大。现代英国生活与文化中的非洲元素不可小觑。这是西欧与非洲关系史上的最新篇章，在这漫长而动荡的关系史中，曾以"贝宁青铜器"之名被世人所知的饰板有着举足轻重的地位。

贝宁饰板制作于十六世纪、今属尼日利亚的地区，其原料是黄铜而非青铜。每件饰板都有 A3 纸大小，用深浮雕的方式尽现庆祝贝宁统治者奥巴胜利的场景以及奥巴宫廷内的仪式。它们是顶级的艺术品和金属雕刻的杰作，也是欧洲与非洲相接触的两个独特历史时刻的记录——第一次是和平的贸易，第二次则是血腥的屠杀。

在这几节里，我们将看到十六世纪欧洲与外部世界初次接触并进行贸易的相关文物。而这些精美的雕刻品便是以非洲人的角度记录了双方的相遇。今日欧洲与美国的博物馆里收藏着数百件贝宁饰板，它们让我们对这个西非王国的结构有了直观的了解。饰板的主题都是对奥巴以及他身为猎人与军人的英勇行径的歌颂，但同时也让我们了解了贝宁人是如何看待他们的第一批欧洲贸易伙伴的。

本节的饰板上，奥巴的威武形象占据了中心位置。饰板宽约四十厘米，颜色上初看更像青铜而非黄铜。其上共有五个人物：三个非洲人和两个

欧洲人。雕刻得最为立体的是坐在宝座上的奥巴，他头戴类似头盔的王冠，眼睛直勾勾地注视着我们，脖子被一串从肩部一直摞到下唇的大圆环完全遮挡，右手握着一把仪式用斧头。他的两侧各跪着一名宫廷高官，他们的穿着类似奥巴，但帽上的装饰较少，戴的项圈数也少一些。他们腰带上挂着的小鳄鱼头表明他们获得了与欧洲人进行贸易的许可。他们后方浮着两个仅露出头和肩部的小小欧洲人。

这两个欧洲人来自葡萄牙，他们在十五世纪七十年代起航，乘坐新型帆船沿着非洲西海岸前往梦想中的印度，但一路受到西非的胡椒、象牙与黄金的强烈吸引。他们是第一批经海路到达西非的欧洲人，大型远洋航船震惊了当地居民。之前西非与欧洲之间的贸易都是通过驱赶骆驼驮载商品穿越撒哈拉沙漠的中间商进行的。葡萄牙的帆船摒弃了一切中间环节，且能够运载体积更大的物品，从而开创了全新的贸易局面。他们和随后在十六世纪加入商贸竞争的荷兰人及英国人一起将象牙与黄金运回欧洲，并为奥巴的宫廷带去他们喜爱的世界各地的商品，包括地中海的珊瑚、可直接作为钱币使用的印度洋的货贝、远东地区的布料以及数量空前的欧洲黄铜，而后者正是制造贝宁饰板所需的原料。

奥巴在王国内既是世俗的最高统治者又是精神领袖，这一点给所有的欧洲访客留下了深刻印象。贝宁黄铜饰板的主要目的便是歌颂他。它们被悬挂在宫墙上，如同在欧洲宫廷中悬挂的壁毯，让观赏者可以同时瞻仰国家的巨大财富与国王的丰功伟绩。对于这种总体效果，一位早期的荷兰访客曾有过详尽描述：

> 国王的宫廷呈正方形……分成众多雄伟的官殿、房屋及朝臣的居所，还包括一些和阿姆斯特丹的交易所一般大的长方形的美丽画廊，上上下下都饰以铸造过的黄铜，上面雕刻着表现战争场面与功绩的画面，光可鉴人。

十五世纪至十六世纪到访贝宁的欧洲访客发现，贝宁社会组织的方方面面都不输欧洲宫廷，结构清晰、秩序井然。不只是对外贸易，社会各方面都由一个专门的部门管理。贝宁宫廷极为国际化，这正是贝宁饰板令出生于尼日利亚的雕刻家苏加利·道格拉斯·坎普着迷的一大原因：

> 就算是在当代奥巴的照片上，也能看到他戴的珊瑚项圈比别人多，胸前装饰的珊瑚也更多。在尼日利亚，有一个颇有意思的现象，所有的珊瑚及相关物品都并非产自我们自己的海岸，而是舶自遥远的葡萄牙等地。因此这种交流的一切在我看来都十分重要。我们以为这些是本国的传统物品，岂料是经传统贸易交换而来的。

为方便运输，用于制作饰板的黄铜通常会铸成被称为马尼拉的巨大链状物，贸易数量大得惊人。一五四八年，一个德国商会同意向葡萄牙提供四百三十二吨黄铜马尼拉投向西非市场。我们再来细看这块饰板，一名欧洲人的手里持着一个马尼拉。而整个画面的关键在于：奥巴正在接见管控欧洲贸易的官员。这三名非洲人在画面前端，体型远远超过后部蓄着长发、戴着装饰精美的羽毛帽子的袖珍欧洲人。马尼拉表明，来自欧洲的黄铜仅用来制作类似饰板的艺术品，而这款饰板上的图案也表明，当时这一贸易的主动权掌握在非洲人手里。他们奉行的管理政策之一是严禁出口这种黄铜饰板。因此在十六世纪时，来自贝宁的象牙雕刻闻名欧洲，但黄铜饰板却只留给奥巴，严禁运离国境。一八九七年之前，它们没有在欧洲出现过。

一八九七年一月十三日，《泰晤士报》刊登了一则题为"贝宁之灾"的报道。一队英国人试图在一个重要的宗教仪式的过程中进入贝宁城，因而遭到了攻击，部分成员遇难。事件细节的真实性模棱两可，引发了激烈争论。不管真相如何，英国仍借为公民报仇之名组织了一队复仇远征军，血洗了贝宁城，放逐了奥巴，建立起南尼日利亚保护领地。这次袭击所获得的战利品包括象牙雕刻、珊瑚首饰以及数百件铜雕及黄铜饰板。大部分物品都被拍卖以弥补远征的开销，为世界各地的博物馆购得。

这些前所未见的雕像的出现在欧洲引起了轰动。不消说,它改变了欧洲对非洲文化及历史的成见。第一个见到饰板并确认了它的性质与意义的是时任大英博物馆馆长的查尔斯·赫拉克勒斯·瑞德:

> 第一眼看到这些令人叹为观止的艺术品,我们立刻被这项预料之外的发现所震惊。同时我们也非常困惑,无法把如此精美的艺术品与全然野蛮的民族联系起来……

关于饰板众说纷纭。有人认定它们源自古埃及,或者贝宁人本身是以色列人消失的部落之一,也有可能是受了欧洲文化的影响(毕竟它们是与米开朗基罗、多纳泰罗和切利尼同时期的物品)。但相关研究立刻表明,贝宁饰板完全是西非的创造,没有受到任何欧洲文化的影响。欧洲人必须重新检视对自己的文化优越性想当然的假设。

令人吃惊的事实是,到十九世纪末期,欧洲与西非在十六世纪建立的广泛而和谐的贸易关系被欧洲人彻底遗忘,没有留下任何痕迹。这也许是因为,在双方后期的关系中,横跨大西洋的奴隶贸易占据了主体,在那之后,欧洲各国更是争先恐后地掠夺非洲土地,一八九七年的复仇远征只是其中一个血腥的例子。掠夺贝宁艺术品并带到世界各地也许能让人们了解并欣赏贝宁文化,但这首先给尼日利亚人的内心留下了一道至今仍在刺痛的伤痕。尼日利亚作家、诺贝尔文学奖得主沃尔·索因卡认为:

> 面对一件贝宁青铜器,我首先注意到的是技术的精湛与工艺的精美,它是二者的融合。我也立刻想到了一个具有凝聚力的古文明。它能增强我们的自信,因为它让人确信非洲社会曾诞生过一些伟大的文明,创造过一些灿烂的文化。它至今仍有助于减少许多非洲社会的屈辱感,提醒人们在外来势力野蛮入侵之前,我们曾是运作有序的民族。这些被掠夺的文物至今仍负载着政治意义。贝宁青铜器

与其他工艺品一样，仍是现代非洲政治很大的一个组成部分，对尼日利亚来说尤其如此。

这些令人动情的贝宁饰板至今依然让我们震撼，一如它们在百余年前首次来到欧洲时掀起的轰动。它们是举世瞩目的艺术品，是十六世纪欧洲与非洲曾平等往来的证据，但也是殖民主义叙事中备受争议的对象。

78

双头蛇

马赛克装饰小塑像，来自墨西哥
公元一千四百年至公元一千六百年

现如今，到访墨西哥城的游客总会看到身上装饰着羽毛、绘有彩绘的街头艺人，听到他们敲着阿兹特克风格的鼓。他们不仅为路人提供娱乐，也想借此留住逝去的记忆——阿兹特克帝国，十五世纪一度统治墨西哥的组织严密的强大帝国。卖艺人想让我们相信（而如果你愿意就可以相信），他们是蒙提祖马二世的后代。这位君主的统治在一五二一年被西班牙人粗暴地推翻了。

在西班牙人征服美洲的过程中，阿兹特克文明多半遭到摧毁。那么对这些卖艺人所尊崇的阿兹特克人，我们了解多少？关于阿兹特克文明的文字记录几乎都是其征服者西班牙人留下的，因此阅读时必须抱着审慎的态度。如此一来，对那些被证实出自阿兹特克人之手的物品、那些逃过一劫的阿兹特克制品进行研究，也就变得尤为重要。那些物品是这个战败的民族的档案。我想，通过它们，我们能听到战败者的诉说。

十六世纪之初，阿兹特克人显然对自身迫近毁灭边缘一事一无所知。当时他们的帝国风华正茂、高歌猛进，其疆土与贸易网络从得克萨斯直达南部的危地马拉，覆盖了今墨西哥的大部分领土。他们的文化繁荣，制造出了对他们而言比黄金更为珍贵的精美艺术品——绿松石马赛克。

十六世纪二十年代，西班牙将马赛克等阿兹特克珍宝带回欧洲之时引起了极大的轰动。这是欧洲人首次得以一窥这个来自美洲的、闻所

未闻的伟大文明，它显然与欧洲文明一样，复杂而绚烂。这座双头蛇便是现存的罕见的阿兹特克文物中手工技艺最高超，最引人注目的一件。

这座塑像内部是一个雕刻的木架，外面则贴了大约两千块小绿松石，整体宽约四十厘米，高二十厘米。整条蛇双头一身，以侧面示人，身体呈 W 形蜷曲起伏，两端各有一个凶狠咆哮的蛇头。整个蛇身由绿松石打造，在鼻子和齿龈处则用鲜红色贝壳装饰，牙齿用白色贝壳镶嵌，前端是硕大而可怕的毒牙。如果在它面前上下移动观赏位置，光线便在绿松石上闪烁，变幻的颜色仿佛让蛇活了过来。小片的绿松石与其说像鳞片，不如说像在阳光下闪烁的羽毛。它既像蛇又像鸟。它神秘而令人不安，既是炉火纯青的手工艺品，又传递出一种原始的力量，让人感觉面对的是一种魔力。

这条蛇的制作方式向我们提供了不少有用的信息。在大英博物馆的维护部，瑞贝卡·斯泰西检验过制作这一物品的原料以及将这两千多块碎片黏合起来的树脂或胶水。

> 我们进行了一系列的分析，检验了现存的各类贝壳。用于嘴部和鼻子附近的鲜红材料来自海菊蛤，由于其迷人的猩红色和需要潜入深海进行采集的难度，在古墨西哥价值极高。所用的黏合剂则是树脂，这也是重要的仪式物品，因为它同时也用作熏香和仪式的祭品。对当地人来说，该仪式是极为重要的宗教生活。树脂也分为各种类型，有大家较为熟悉的松脂，还有热带橄榄树脂，后者芳香浓郁，更常用于熏香，至今在墨西哥仍有使用。

因此，这件神奇物品的各部分被信仰之胶黏合在一起。瑞贝卡·斯泰西及世界各地的科学家一致认定，阿兹特克墨西哥的绿松石是从极遥远的地方运来的，其中有一些甚至采自距离首都特诺奇第特兰（今墨西哥城）千里之外的地方。绿松石、贝壳及树脂等材料曾在此地区内进行广泛贸易，但这座双头蛇的制作原料更可能是阿兹特克人在征服外族后强制征收的贡品。阿兹特克帝国成立于十五世纪三十年代前后，距西班牙人的到来已不足百年。强大的军事实力，从属地规律性地（同时也是极不情愿地）送至特诺奇第特兰的黄金、奴隶和绿松石维持着帝国的运转。贸易与进贡带来的财富让阿兹特克得以修建道路、堤道、运河与水渠，以及多个大型城市。这个帝国的城市景观让日后在其中穿行的西班牙人大感震惊：

> 早晨，我们走上一条宽阔的堤道继续行军……我们看到了多座水上城市与村庄，也看到了不少陆上的美丽城镇，我们十分惊奇，仿佛置身于阿玛迪斯传奇中所述的迷人景致。巨塔和建筑从水中升起，且全部由砖石筑成。一些士兵甚至怀疑眼前的是不是梦境。

绿松石的价值极为昂贵，是各种大型仪式的焦点，目的是让人印象深刻并产生威慑效果——这种威慑有助于维护帝国统治。这些情况我们是通过狄亚哥·迪杜兰的记录了解到的。他是一位多明我会的修道士，对阿兹特克人抱有极大认同感，他学习他们的语言，向世人传播他们的文化与历史，因此，虽然也是西班牙人，他对阿兹特克宗教仪式的记录基本是可信的：

> 人们献上黄金、珠宝、服饰、羽毛和珍贵的宝石，琳琅满目，所有的物品都价值极高……如此巨大的财富不可尽数，也无法估价。这些都只是为了向敌人、客人和陌生人炫耀自身的伟大以及权力，让他们感到恐惧和敬畏。

绿松石也是阿兹特克统治者蒙提祖马二世的盛装上的关键元素。他戴着绿松石王冠、绿松石鼻塞、系着镶满绿松石珠串的腰带，主持隆重的活人献祭仪式。几乎可以确定，这条双头蛇曾在仪式中用于佩戴或携带，也许就是在蒙提祖马一五〇二年的登基大典上。它很可能具有重大的象征意义，不仅因为它的材料是珍贵的绿松石，也因为它的造型是一条美丽的蛇。诗人和作家阿德里亚娜·迪亚斯·恩西索阐述了这条蛇与阿兹特克神祇，尤其是伟大的羽蛇神奎兹特克的关系：

> 对阿兹特克人来说蛇很重要，因为它是重生和复活的象征。如今在特诺奇第特兰的奎兹特克神庙里还能见到一些蛇的浮雕，它们嘴里喷出的水落到地里帮助庄稼生长，这代表着生殖繁衍。金字塔及寺庙的墙壁上也都描绘着羽蛇神。在众多雕像与绘画作品中，奎兹特克的形象都是遍体覆盖着羽毛的蛇。这种叫作绿咬鹃的鸟和作为大地象征的蛇的结合代表着天与地的力量的结合，因此也是永恒与重生的象征。

现在我们再来打量这条双头蛇，便可以清楚地看出，它身上经过仔细打磨的细小绿松石的颜色十分接近绿咬鹃尾羽的蓝绿色。它们经过细心切削，闪耀着如绿咬鹃斑斓的羽毛般的光芒。双头蛇也许确实是奎兹特克的象征。如果事实果真如此，它便与西班牙将领荷南·科尔蒂斯到来时发生的重大事件有着直接关联。

当时的西班牙文件记录了科尔蒂斯与蒙提祖马的相遇，后者将科尔蒂斯当作了奎兹特克的化身。在阿兹特克的神话传说中，奎兹特克游入了大西洋，并会以蓄大胡子和浅色皮肤的男性之身归来。因此据西班牙人的记载，蒙提祖马面对这一外来势力时没有召集军队，而是向其献上了供神用的珍稀礼物，并表达了敬意。其中之一被记录为"嵌有绿松石的弯曲巨蛇"，它很可能就是这条双头蛇。

我们也许永远都无法洞悉真相，但我们知道阿兹特克的贡品制度让属民怨声载道，因此很多人加入了西班牙入侵者的阵营。要不是这些心存不满的本土势力的帮助，西班牙人永远无法征服墨西哥。因此，这条双头蛇讲述的故事具有双重意义，它既是阿兹特克帝国艺术、宗教与政治势力顶峰时期的记录，也是其对属民进行系统性压迫的证据，而这也正是帝国最终崩塌的根源。蒙提祖马很快便去世了，特诺奇第特兰被西班牙人夷为一片焦土瓦砾。没有了一国之君，没有了首都，阿兹特克帝国的统治也便无以为继。紧随其后的是欧洲的传染病，尤其是天花所带来的灾难。据说在西班牙人到达数十年后，近九成的土著居民死亡。墨西哥成了西班牙帝国在美洲大陆北起加利福尼亚南至智利与阿根廷的广袤领土的一部分。我们将会看到，这个帝国的影响力还将越过西班牙与美洲，到达更广阔的世界。

79

柿右卫门瓷象

陶瓷雕像，来自日本
公元一六五〇年至公元一七〇〇年

对世界上很多地区而言，白象一直都是力量与神迹的象征。东南亚的君主就极为看重它们，因为佛陀出生之前，他的母亲便曾梦到一头白象。然而白象也让人忧虑——作为国王赐予的礼物，它们地位尊贵，不能用作畜力，饲养的花费又极其高。在英语中，"白象"向来代表着无用的累赘。大英博物馆里收藏着两尊几乎白色的大象，它们确实没有任何实际用途，又极为昂贵（换算成今日的货币，它们在当时应价值数千英镑），但却能给观赏者带来相当愉悦的感受，同时，它们也讲述了十七世纪一个出人意料的中日朝间三角斗争的故事，并见证了现代跨国公司的诞生。

这对白象是在一六六〇年到一七〇〇年间运抵欧洲的。大小类似约克夏梗犬，粗壮的身躯与尖牙则表明了身份。另类的是它们夺目的色彩。通体瓷质呈漂亮的乳白色，上面用瓷釉装点着大片图案。腿部饰以红点，背上覆的蓝色图案明显是在表现乘骑的挽具。耳郭正面为浅黄色，并以红色勾勒边缘，显然是亚洲象的耳型，眼睛则具备日式神韵。我们几乎可以肯定，制作大象的匠人想象了一种他从未见过的动物，而且完全可以肯定，他是一位日本人。

这两头神采飞扬的瓷象是日本与邻国中国和朝鲜之间错综复杂关系的直接产物，同时也代表了十六世纪至十七世纪亚洲与西欧密切的贸易往来。自这种贸易关系建立起，欧洲总是阶段性地陷入对日本艺术与工艺的迷恋。而这一切都始于十七世纪柿右卫门风格瓷器所掀起的狂热。据说这种风格是由一位名为柿右卫门的陶艺家所开创，后经世代相传，成为日本的传统手工技艺。这对大象正是柿右卫门风格，在十七世纪，此风格的瓷器作为流行装饰占据着欧洲豪宅的家具与壁炉架。林肯郡的伯利庄园便拥有一批最早也最精美的日本动物造型瓷器藏品，其中就有柿右卫门瓷象。

瓷器收藏家埃克塞特勋爵的直系后代米兰达·洛克讲述了勋爵是怎样收集这些瓷器的：

> 这些瓷器是第五代埃克塞特伯爵、伟大的收藏家约翰和妻子安妮·卡文迪什的成就。他们都热衷于旅行。根据藏品清单记录，我们知道日本瓷器早在一六八八年便来到了当地。我们也能确定当时有一位精明的中间商一直跟约翰保持着密切联系，因为伯利庄园所收藏的日本瓷器数目可观，而当时它们正风靡英国。我们收藏了许多绘有日本人物的漂亮摆件以及类似的精美瓷象。

我们也采访了柿右卫门陶艺的第十四代传人。他自称是这项工艺的创始人的后代，如今，他也被日本奉为"人间国宝"。他可能就是那名四百年前为埃克塞特的瓷质动物园收藏添彩的匠人的直系后代。他在日本的佐贺县有田市，即日本瓷器的诞生地工作和生活。他的家族世代在此居住并制作瓷器：

> 柿右卫门家族制作柿右卫门风格的彩绘瓷已有近四百年的历史。有田附近有许多瓷石，在经历数千年的风吹日晒后自然氧化了。柿右卫门家族从江户时代起便开始利用这种自然原料。一般来说，掌握这项制瓷技术需要三四十年的时间，培养接班人一向是个大难题。
>
> 大象表面的上釉技术被称为"浊手"。它是在有田发展的专利，

我们一直在努力承袭。瓷色并非纯白，而是一种暖色调的乳白。可以说柿右卫门瓷器正是在江户时代开始自成一格。

我至今仍使用传统工具。在日本，很多手工艺人都是如此，传统工艺正是因此才得以保存。日本有自己的独特美学，并为维护它而不懈努力。有人可能以为我不过是在因循守旧，但我认为我的工作将传统元素与现代形式包容并举。我们都觉得大英博物馆的那对大象是独一无二的。我自己在家里也收藏有一头小象。

众所周知，中国是瓷器的发祥地，数个世纪以来，一直有大量瓷器出口。十六世纪，欧洲陷入了瓷器狂热之中，尤其渴求闻名遐迩的青花瓷（第64节）。欧洲富人的胃口似乎永远得不到满足，来自中国的瓷器勉强能达到供求平衡。一五八三年，一位沮丧的意大利商人写道：

现在留给我们的不过是些渣滓。这里的人买卖瓷器就像饿汉拿到一大盘无花果，先吃掉熟透的，再用手指一个个捏剩下的，从中挑出较软的，直到最后吃得一个都不剩。

不过新的供应商即将进入这一生机勃勃的市场。十五世纪，朝鲜掌握了中国的制瓷技术与知识，战争又把这些秘密传播到了日本。十六世纪晚期，日本在野心勃勃的丰臣秀吉的领导下完成了统一，并于九十年代两次发起对朝鲜的战争，试图让它成为自己进攻明王朝的跳板。他未能占领中国和朝鲜，但在这一过程中，日本从朝鲜半岛获得了宝贵的制瓷技术，也带走了一些陶匠。韩国学者何智娜描述了这三种文化长期以来的互动：

从史前时代开始，朝中日三国就保持着紧密的联系。在文化交流中，通常是中国率先发展出高超的技术和工艺，朝鲜随后加以学习，再将其传到日本。十六世纪末，日本在侵略朝鲜期间就带走了陶匠李三板。说来有趣，这场战争常被称为"陶匠战争"，因为日本带走了众多朝鲜陶匠，试图在国内发展白瓷制作工艺。柿右卫门大象应该是朝鲜制造工艺、中国装饰技术与日本审美品位的结合。

一六〇〇年前后，日本制陶业有了两次机遇。首先，十六世纪九十年代的朝鲜战争带来大量的劳力及技术，制陶工艺出现飞跃。其次，一六四四年中国明朝覆亡，在之后长期的政治混乱中，其陶瓷业受到重创，在欧洲市场上留出很大缺口。这对日本而言是完美的时机，它在陶瓷出口贸易中一举替代了中国，并在一段时间内占领了整个欧洲市场。为了迎合欧洲人的审美，柿右卫门风格的陶瓷作品迅速扩展，创造出了新的造型、尺寸、设计以及最为重要的色彩，即在传统青花瓷的基础上加入了艳丽的红与黄。欧洲人争相购买，最终开始自行仿制。到十八世纪为止，德国、英国和法国都已开始涉足生产"柿右卫门"瓷器。历史总有让人始料未及的离奇转折，第一批被欧洲人模仿的瓷器并非来自中国，而是日本。

而促成日本与欧洲制瓷业创新发展的机构，正是世界上第一家跨国公司荷兰东印度公司。它有着举世无双的资源、人脉和经验。在位于阿姆斯特丹宏伟的新总部，公司的经营者及管理者操纵着远渡重洋的商业运作，在近百年的时间里主宰着整个世界的贸易往来。

此时的日本也进入了幕府时代。一六三九年，为了增强对内的控制力度，统治者切断了国家与外部世界的交流，只保留了几处受严格管理的门户，其中以长崎港最为自由。在这里，他们允许中国和朝鲜等少数几个享有特权的国家进行贸易活动，其中唯一的欧洲合作伙伴便是荷兰的东印度公司。这种独家经营权使得东印度公司从日本运往欧洲的瓷器数量不断增加，并且由于垄断了货源，他们得以高价出售以赚取暴利。以第一批从日本输出的货物为例，货船于一六五九年到达荷兰，共装载了六万五千件商品。这对大象也一定是乘坐着东印度公司的货船而来的。

柿右卫门大象讲述的故事涉及了十七世纪的整个世界。日本的工匠虽然与世隔绝，仍运用习自中国和朝鲜的技术，制作着印度的动物形象，以迎合英国购买者的需求，而荷兰通过第一家真正意义上的国际化公司从中协调。这一案例很好地呈现了世界各洲是如何通过轮船与贸易第一次被连接起来的。这个新世界开始需要新的行之有效的流通工具——国际货币。下一节将要讲述一种支持着早期国际贸易的文物：开采于南美、以西班牙八里尔银币的形式被输往世界各地的白银——第一种全球性的货币。

80

八里尔银币

西班牙钱币，铸造于玻利维亚波托西
公元一五七三年至公元一五九八年

广告商总向我们保证，钱能让我们买到梦想。但有的货币，尤其是硬币，本身便是梦想之物。它们的名字回响在传奇与历史的奇迹里，如达克特、弗罗林、格罗特、畿尼和金镑，但其中没有哪一个能与全世界最负盛名的硬币——八里尔银币相提并论。它不断地出现在从《金银岛》到《加勒比海盗》等各种书籍和影视作品中，带着人们对它的各种联想——西班牙无敌舰队、黄金船队、海难、战争、海盗、公海以及美洲的西班牙殖民地。

八里尔银币得以成为世界货币的宠儿并不只是《金银岛》里那只独脚海盗头子的鹦鹉的功劳。西班牙语称为"peso de ocho reales"的八里尔银币是第一种真正意义上的全球货币。它曾被大量生产，于十六世纪七十年代首次铸造后，在二十五年之内便传遍了亚洲、欧洲、非洲和美洲，所建立的全球性优势地位一直持续到十九世纪。

按现代硬币标准来看，八里尔银币体积偏大。它直径近四厘米，颇有分量，约为三个一英镑硬币的总和。本节中的这枚银币由于表面氧化，呈暗淡的银色。但刚问世时，八里尔银币应该是非常闪亮的。以现代标准衡量，一六〇〇年前后，一枚八里尔银币应该能买到价值五十英镑左右的商品，并且几乎可以在全球的实际交易中使用。

西班牙人是在黄金的诱惑之下来到美洲的，但真正使他们发财的却是白银。在阿兹特克时代的墨西哥，他们迅速发现了银矿并加以开采。不过直到十六世纪四十年代，他们才在秘鲁真正中了大奖——印加帝国的南部山区有个名叫波托西（今属玻利维亚）的地方，它很快便成了闻名遐迩的"银山"。波托西银矿开采数年之后，来自西班牙美洲殖民地的白银便从大西洋上滚滚而至。二十年代采矿初期的年开采量在一百四十八千克左右，到九十年代便达到了近三百万千克。在世界经济史上从未有过数量如此庞大，或造成如此重大影响的货币。

与世隔绝的波托西山区海拔三千七百米，位于安第斯山脉干燥寒冷的高原地带，是南美洲人迹最为罕至的地区之一。尽管地处偏远，但由于银矿开采需要大量劳力，一六一〇年这个村庄的居民达到了十五万人，按照当时的欧洲标准已经算是一个大城市，富裕程度超乎想象。一六四〇年，一位西班牙神父狂热地赞誉了这座银矿和它出产的白银：

> 银矿石极为丰富……数量大到好像就算世上没有别的银矿，它也能凭一己之力让世界充满财富。城市正中心矗立着怎样赞美与崇拜都不为过的波托西山，财富从这里源源不断地流向世界各国。

若没有波托西，十六世纪的欧洲史恐怕完全会是另一番面貌。是美洲的白银帮助西班牙国王成为欧洲最有实力的统治者，能够担负起西班牙军队与无敌舰队的开销。美洲的白银使得西班牙得以与法国、荷兰、英国以及土耳其作战，并建立起一种最终被证明极具破坏性的开支模式。几十年间，白银的源源流入为西班牙提供了坚实的经济基础，让它熬过了最严酷的经济危机和破产风潮。人们相信来年总会有新的船队满载珍宝到来，事实也的确如此。"白银乃我王权稳定与强大之根基。"西班牙国王菲利普四世如是说。

财富的生产过程付出了巨大的生命代价。在波托西，年轻的美洲土著男子被征集到矿上，强制下矿劳作。环境极其恶劣，且伴随着生命危险。一五八五年，一位目击者称：

他们除了干活，就只剩被当成狗的待遇。他们常常被毒打，而借口通常是开采的白银太少，花费的时间太久，带上来的是泥土，或是偷了部分银子。不到四个月前，一位矿主便想以这样的理由斥责一名印第安人。这位领班害怕领受矿主挥舞的木棒，逃向矿井去躲避，却慌不择路地跌下去，摔成了一堆肉酱。

在海拔极高的寒冷山区易患肺炎，而在白银提纯的过程中，水银中毒也常常夺去工人的性命。一六〇〇年前后，由于本地印第安社群的死亡率飙升，成千上万的非洲奴隶被带到波托西进行顶替。他们确实比本地人更能吃苦，但也免不了大批死亡。波托西银矿的强制劳力至今仍是西班牙殖民压迫的历史性象征。

然而令人沮丧、更令许多玻利维亚人揪心的是，如今波托西银矿的劳作环境仍然十分恶劣，对健康有极大损害。联合国教科文组织波托西项目的玻方前负责人图提·普拉多告诉我们：

> 以现在的人口规模来看，波托西是全国最贫困的地区之一。当然，如今的开采技术与四百年前相比已不可同日而语，但贫困及健康问题依然一样严峻。矿上有许多童工，不少矿工的寿命只有四十至四十五岁，有的甚至活不过三十五岁。是硅肺病与沙尘损害了健康。

从波托西的矿山开采出的原料曾让西班牙富极一时，而在波托西铸币厂铸造的八里尔银币一度成为全球货币体系的基础。银币在波托西通过美洲驼运输，经过两个月的跋涉跨越安第斯山脉来到利马，抵达太平洋沿岸，然后被西班牙宝藏舰队运往巴拿马，再走陆路穿越地峡，在护航队的保护下横穿大西洋。

但白银贸易不止集中在欧洲。西班牙同样也以菲律宾马尼拉为中心建立起一个亚洲帝国，很快，大量的八里尔银币横渡太平洋来到这里，通常被用于与中国商人进行贸易，换取丝绸、香料、象牙、漆器以及最要紧的瓷器。西班牙的美洲银币的到来动摇了东亚经济体系，导致中国明朝的经济陷入混乱。实际上，当时世界上没有一个地方能逃脱这种无处不在的银币的影响。

大英博物馆的钱币收藏系列清晰地展示了在西属美洲铸造的八里尔银币曾发挥的全球货币的作用。其中有一枚银币被印度尼西亚当地的苏丹做了压印，另一些则由西班牙人自己打上印记，以在其位于今比利时的布拉班特省使用。还有一批是由中国商人标记的。另外有一枚来自波托西的银币是在苏格兰西海岸之外的赫布里底群岛靠近托伯莫里的地方出土的，它来自昔日西班牙无敌舰队中的一艘于一五八八年沉没于此的战舰。十九世纪，八里尔银币甚至出现在了澳大利亚，因为当时英国货币短缺，统治者便购买了西班牙八里尔银币，挖去其上的西班牙国王头像，刻上"五先令，新南威尔士"字样。八里尔银币从赫布里底到新南威尔士的分布表明，它作为货币和商品，根本性地改变了世界贸易格局。经济史学家威廉·伯恩斯坦有如下描述：

> 秘鲁和墨西哥的银矿是上天的恩赐。很快，数亿乃至数十亿的银币便被铸造出来，构成了全球金融系统。它们是十六至十九世纪的 VISA、万事达和美国运通卡，具有极高的信誉度。举个例子，你如果读到一则关于十八、十九世纪中国茶叶贸易的报道，说因贸易额巨大，价格都以银圆计，辅以银圆的标记，那么报道中所提到的银圆自然都是西班牙银圆，即八里尔银币。

在欧洲，来自西属美洲的财富开创了一个新的银圆时代，"一种足迹踏遍欧洲各国的财富"。

但是银币的充足引发了一系列新问题。货币供应的增加就像现代政府发行过量纸钞一样，其后果便是通货膨胀。在西班牙，当帝国的财富在经济和政治两个领域都显得徒有其表时，人们困惑了。不无讽刺的是，

英国驻澳大利亚的统治者将八里尔银币改造成五先令币，充当当地的货币

银币在西班牙境内变得稀缺，因为大部分都被用来购买外国商品而流出，本国的经济活动反而衰退了。

随着黄金和白银的流失，知识分子开始努力弥合财富在现实与想象之间的鸿沟，以及这种预料之外的经济问题所引发的道德恶果。对此，一位作家在一六〇〇年描述如下：

> 西班牙崩塌的根源在于，其乘风前行的财富的承载形式通常是合同契约、汇票和金银，而不是能够开花结果、因拥有更大价值而从外部吸引来财富的商品。本国的人民因而破产了。由此我们看到，西班牙缺少黄金和白银的原因就在于拥有的太多。西班牙的贫穷正是它的富有造成的。

四个世纪之后，我们仍然在挣扎着了解世界金融市场，控制通货膨胀。

波托西依旧因其财富举世闻名。今天的西班牙语中仍有一个说法"vale un Potosí"（价值一个波托西），意为"相当值钱"。而西班牙的八里尔银币仍然作为一种充满浪漫色彩的道具活跃在海盗传奇中。但在现实中，它曾是现代世界的基石，支撑起第一个世界帝国，预演并促成了现代经济全球化的可能。

第十七部分

宽容与褊狭

公元一五五〇年至公元一七〇〇年

　　宗教改革使得西方基督教会分裂成两个敌对派别，并因此引发了大规模宗教战争。"三十年战争"之后，由于没有任何一方取得胜利，精疲力竭的欧洲进入了一段宗教宽容的时期。欧亚大陆上则有三大伊斯兰势力鼎足而立：奥斯曼土耳其帝国、印度莫卧儿王朝和伊朗萨菲王朝。莫卧儿王朝实行宗教宽容政策，允许印度次大陆上大量的非穆斯林人口继续信仰自己的宗教。伊朗的萨菲王朝创立了世界上第一个重要的什叶派国家。同时，征服与贸易重新划分了世界各宗教的势力范围。美洲的天主教和东南亚的伊斯兰教都在寻求与新征服的领地上的本土宗教和谐共处的模式。

81

什叶派宗教游行仪仗

镀金黄铜游行仪仗，来自伊朗
公元一六五〇年至公元一七〇〇年

伊斯法罕是十七世纪什叶派伊朗的首都，如今到访此地的多数游客都会惊讶地发现，在这座纯正的伊斯兰教城市里矗立着一座举世瞩目的基督教教堂，其内部到处陈列着银十字架，满墙壁画讲述着《圣经》中的救赎故事。这座教堂是十七世纪上半叶由阿拔斯一世下令修建的。阿拔斯一世是早期现代伊朗的伟大君主，他的故事可以作为案例，让我们很好地了解十六世纪至十七世纪世界各大宗教是如何重新划分势力范围的。这种重新划分最核心的问题在于一个国家是否能同时包容多种宗教的并存。在十六世纪至十七世纪的伊朗，答案当然是肯定的。但各个一神论的信仰总是很难长期和平共处，其间的宗教宽容通常会受到质疑且不堪一击。在本节中，我将通过"阿拉姆"——一柄华丽的镀金黄铜仪仗来探索十七世纪伊朗的情况。阿拉姆原本用于战争，会像战旗一样被带上沙场，但它在十七世纪被用于重要的宗教游行之中，召集来的不是士兵，而是信徒。

阿拔斯一世是萨菲王朝的一位君主，他于一五〇〇年前后登基，将伊斯兰教什叶派立为国教，这一状态一直延续至今。此事件与同时期英国的都铎王朝巧妙地形成了呼应。当时的都铎王朝在几乎同一时间将新教立为国教。在这两个国家，宗教都成了国民同一性的关键因素，将本国与敌对的邻国加以区分——信仰新教的英格兰与信仰天主教的西班牙，什叶派的伊朗和所有逊尼派的邻国，尤其是土耳其。

阿拔斯一世与英国的伊丽莎白一世身处同一时代，他怀抱罕见的政治才能以及更为罕见的宗教实用主义。和伊丽莎白一样，他热衷于发展国际贸易与交流。他邀请世界各地的宾客访问首都伊斯法罕，热忱地欢迎来自中国的使节，同时聘请英国人做顾问。他不断扩展自己的疆土，在征战中俘虏了亚美尼亚基督教徒并带回伊斯法罕。这些亚美尼亚人在当地建立起了与中东及欧洲的丝绸和纺织品贸易，获利丰厚。作为回报，阿拔斯一世为他们修建了一座基督教堂。来访的欧洲人会为这里积极宽容的宗教气氛所震惊，基督教徒和犹太教徒各自拥有礼拜场所，在一个穆斯林的国度和谐共存。如此高程度的宗教多样性在当时信仰基督教的欧洲是无法想象的。伊斯法罕当然是伊斯兰教学术的聚集地，在这里，建筑、绘画、丝绸、陶瓷和金属等方面的精湛工艺都是为宗教服务的。

萨菲王朝时期的什叶派伊朗社会高度发达，具有全球意识，经济繁荣，信仰虔诚，这一持续两百年的帝国的荣光从这柄制作于一七〇〇年左右的仪仗上仍能窥得一斑。它大致呈一柄剑的形状，在剑刃与把手之间有一个圆盘。整体高约一米，用镀金黄铜制成，这是伊朗传统的金属加工工艺，在伊斯法罕尤为发达。来自印度、中东和欧洲的工匠、商人曾汇聚于此，从事交易。

不管采用的风格和工艺有多么国际化，仪仗本身是为什叶派穆斯林庆典准备的，游行时被装在竿子上，高耸于队伍之中。仪仗剑刃的部分被转化成了金银丝装饰的文字和图案。文字是信仰的有效宣言，类似这样的文字也是什叶派伊斯法罕的实体结构的组成部分。

在为基督教徒修建教堂的同时，阿拔斯一世也兴建了沙赫·鲁特法拉清真寺。这是一座文字的纪念堂，建筑的一切结构元素都由铭文凸显与装饰，内容包括真主的话语、先知的预言以及其他神圣的经文。事实上，仿佛正是这些文字撑起了这座建筑。在那为信徒指明朝拜圣地麦加的方向的中央壁龛米哈拉布上方，写着先知的家人的名字，包括穆罕默

由阿拔斯一世修建于 17 世纪上半叶的伊斯法罕基督教堂，将基督教的图像表现法与伊斯兰教的设计相结合

德本人，他的女儿法蒂玛，女婿阿里和他们的两个儿子哈桑与侯赛因。

　　大英博物馆展厅中的这柄阿拉姆上也有这些名字，其中阿里出现了三次。他被什叶派穆斯林视作第一任伊玛目，是信徒的精神领袖。这种阿拉姆被称为"阿里之剑"。这柄阿拉姆上还刻着另外十位什叶派伊玛目的名字，他们都是阿里的后代，也同他一样为教捐躯。当这把阿拉姆被高举在街上时，信徒们能看到先知、法蒂玛以及阿里和其他伊玛目的名字。

　　什叶派信徒认为伊玛目是绝对可靠的宗教指引者，只能由穆罕默德的家人担任，亦即先知的女婿阿里的后代。而大部分逊尼派穆斯林则相反，他们信奉最初由选举产生的哈里发的权威。先知去世后的几十年里，这种歧异引发了流血冲突，导致阿里与其子全部遇难，这一事件开启了什叶派伊玛目殉教的传统。

　　萨菲王朝信奉"Ithna 'Ashari"，即"十二伊玛目"。他们认为伊玛目共有十二位，其中殉教的十一位的名字被刻在了阿拉姆上。第十二位伊玛目据称在八七三年隐遁，被众信徒等待着在真主满意之时复临，在世间建立正义与太平盛世。在此之前，自诩为先知后代的萨菲王朝的君主是隐遁伊玛目的临时代理人。宗教事务的管理权并非掌握在君主手中，而是在乌理玛，即伊斯兰学者和法学家团体手中。他们负责解释伊斯兰教的律法，至今仍是如此。

　　出生于伊朗的学者哈勒·阿夫沙回顾了数百年来什叶派在伊朗的社会与政治生活中的地位，以及它在一九〇七年宪政革命和一九七九年伊斯兰革命中起到的作用：

　　　　有数百年的时间，什叶派一直是伊斯兰教中的一个少数教派，从未当权。它一直饱受争议，游离于边缘地带。萨菲王朝成立后宣布什叶派伊斯兰教为伊朗国教，这才开始建立起一个有层次且有一定政策影响力的宗教组织。这在伊朗历史上是划时代的举措。这一过程持续了几个世纪，其间宗教机构总是处在社会改革的最前沿。

例如，在一九〇七年的宪政革命中，宗教领袖要求成立司法机构，制定宪法；一九七九年的革命也是以"正义"这一在什叶派教义中不变的主题为名的。

这种对正义感的强化也许是着眼于牺牲与殉难的什叶派教义的根本所在。在这柄阿拉姆制作完工的十七世纪末，为纪念殉道者之死而精心策划的仪式上有挥舞铁链的苦修者、随节奏律动的人群和音乐唱颂。这表现出了大英博物馆收藏的这柄阿拉姆的矛盾本质。尽管它的形式与名称都类似宝剑，乍看之下充满了必胜信念与攻击性，但它实际上却被用于纪念战败、苦难与殉教的什叶派仪式之中。

如今有一些阿拉姆规格极大。它们不再是金属剑的形状，而成为一种覆盖着装饰布的巨型装置，宽度有时能横跨整条街，但仍然常常只由一个人举着。

我们曾与伦敦西北部伊朗人社区的一位名为侯赛因·波尔塔玛瑟比的长者聊天。他向我们描述了执杖传统在如今的沿袭情况：

> 首先你得是个大力士，因为仪仗很沉，有的重达一百公斤。而且不只是重量的问题——大而宽的阿拉姆具有不对称的形状，需要强健的体格才能使之保持平衡。执杖人通常不是摔跤手就是举重选手，身强力壮，赫赫有名。光强壮还不够，你还得是社区里有声望的人物，因为正是社区的传统赋予了你这份认可，并让记忆长久，让你强大。你不停地唱颂，继承传统并将它不断延续下去！

到公元一千七百年左右，即制作这柄阿拉姆的时期，这种对肌肉的狂热已演化为什叶派仪式的关键因素。但阿拔斯一世在任时期不同宗教的和谐并存却没有在他的继任者手中延续。萨菲末代国王侯赛因对待非什叶派教徒极为严苛，并赋予宗教领袖极大的管理公共活动的权力。也许正是这种宗教压迫促成了他的倒台。一七二二年，侯赛因的统治被推翻，漫长的萨菲王朝覆灭，伊朗陷入了数十年的政治混乱。但在如今的伊朗，阿拔斯一世留下的影响仍处处可见。虽然伊朗国教仍是伊斯兰教什叶派，但宪法明文规定，基督教徒、犹太教徒以及祆教徒都能自由地在公共场所进行各自的宗教活动。现代伊朗和十七世纪时一样，仍是一个多种宗教并存的国家，它对宗教差异的宽容让许多访客惊叹和难忘。

82

莫卧儿王子细密画

纸画，来自印度
约公元一六一〇年

在今天的全球政治界，形象几乎意味着一切。我们对领导人精心策划曝光的照片都很熟悉，他们十分清楚和某位王室成员、政治家或名流合影会带来什么影响。而在宗教政治中，在某些情况下，和适当的宗教领袖一起出现的画面甚至更为重要——虽然这也有风险。譬如，与教皇握手的照片也许会为选举带来立竿见影的好处，但也可能引发危险的政治后果。鲜有政治家甘愿冒险让人看到他们接受宗教教诲的场面，更不用说宗教谴责了。

在十七世纪的印度，权力与宗教的对话和如今一样复杂，也一样拥有高曝光度。但一六一〇年留下影像的方式与如今不同，那时没有媒体照片，没有二十四小时滚动播出的电视新闻，只有绘画，而且是以特定受众为目标的绘画。来自印度莫卧儿帝国的细密画表现了君主治下的世界与宗教领袖的领域之间的一种罕见的，也许是独一无二的关系。

十六世纪至十七世纪，欧亚大陆上三大伊斯兰帝国鼎立：中东与东欧的奥斯曼土耳其帝国、伊朗的萨菲王朝和南亚的莫卧儿帝国，其中数莫卧儿帝国最为富有。一六〇〇年左右，在与伊丽莎白一世和阿拔斯一世同时代的阿克巴大帝的统治下，莫卧儿帝国达到了鼎盛期，此后在其子贾汉吉尔手中继续发扬光大。本节中的细密画正是绘制于贾汉吉尔统治时期，当时的莫卧儿帝国幅员辽阔，西起阿富汗的喀布尔，东至今孟加拉的达卡，绵延一千四百英里。但与伊朗萨菲王朝和奥斯曼土耳其帝国不同的是，莫卧儿的穆斯林统治者治下的臣民大部分都不是穆斯林。除了耆那教与佛教教徒，印度教徒约占总人口数的 75%。

与基督教徒和犹太教徒不同，印度教徒并没有被《古兰经》列为"圣书的子民"，因此理论上说，伊斯兰统治者甚至没必要对他们宽容，这一点是莫卧儿帝国的历代统治者一直需要留意的。他们通过采取广泛的宗教包容政策解决了这一潜在的难题。阿克巴和贾汉吉尔得心应手地使多种宗教和平共处。他们的军队中有印度教将领，而与穆斯林或印度教圣人的紧密联系是莫卧儿贵族生活和观念中的一个基础，此外，国家还采取与宗教人物定期会面的政治策略，宣传手段包括登门拜访并利用当时的媒体——类似这幅细密画的绘画作品。

不论在伦敦、巴黎还是伊斯法罕和拉合尔，细密画在各国宫廷中都是很流行的艺术形式。莫卧儿的细密画表明，印度画家对波斯与欧洲绘画的发展十分熟悉。本节中的这幅约有一本精装书大小，绘制于一六一〇年前后，呈现了一位年轻的贵族，也许是莫卧儿王朝的某位王子，拜见一位明显无钱也无权的圣人的情景。圣人位于画面左侧，灰发长须，穿着相对简陋的长袍，戴着头巾，披着斗篷。他面前摆放着一根分叉的棍子，这显然是托钵僧或伊斯兰圣人的手杖或拐棍。他面前的年轻人穿着有黄金装饰的紫色衣服，腰间别着镶嵌珠宝的匕首（贵族必备饰物），戴着的绿头巾则是地位的象征。这两个人物——清贫的苦修僧与衣着华贵的王子，跪坐在一个略高于地面的平台上，后面是座小圆顶亭，明显是个修建于某位备受尊敬的宗教人物坟墓附近的伊斯兰圣坛。一棵精心描绘的树为他们投下阴影，树根处有一株蓝色鸢尾，背景是一片绵延向远方的绿地。

在莫卧儿绘画中，风景通常与人物同样重要。莫卧儿王朝的观赏植物园闻名于世。花园不仅是休闲娱乐的场所，也是对伊斯兰教天堂的隐喻。因此，这样的环境极适合一位富有的年轻人和一位伊斯兰讲道者讨论信仰问题。在这一理想化的场景中，权力与虔诚相遇，二者展开了一番辩驳。

我向莫卧儿绘画专家阿索·库马尔·达斯请教这幅画的意图，以及穆斯林和印度教的人物形象出现在同一张画作里的合理性：

> 这些画起初是专门为国王绘制的，也可能用来描绘国王想接见的王室成员。渐渐地，这种细密画变得十分普遍，在相册和书籍里常能看到相同或类似的作品。它确实传达了一种特殊的含义：在阿克巴创建其伟大帝国的过程中战事频仍，然而他同时也传达出一个信息，即他所寻求的并非战争，而是友谊。王子与信仰不同的印度教徒联姻，这对十六世纪的穆斯林统治者来说非比寻常。他最亲近的贵族和最重要的朝臣之中有一部分是印度教徒，他们一直没有改变信仰。国王，或者说统治者的信仰与他们的信仰之间没有仇恨。因此它所传达的信息是，国王不仅能够包容异教，并且十分友好，允许它们在和平与和谐中共存。

大权在握的统治者在圣人的智慧前表现谦卑的画面，在印度有悠久的历史。这种会面传统，与莫卧儿王朝从其伟大先祖成吉思汗和帖木儿处继承下来的宗教宽容政策相得益彰。这是他们在四处征战中表现出的特点，也是他们有别于其他伊斯兰国家之处。贾汉吉尔在其自传开篇便赞美了父亲阿克巴的宽容，与同时代土耳其和伊朗统治者的态度形成了对比。他对阿克巴治下的印度有如下描绘：

> 为对立宗教的学者提供了空间，各种信仰都能存续，通往争端的道路被堵上了。逊尼派与什叶派相遇在同一座清真寺，基督徒与犹太教徒也能走进同一座教堂，分别执行各自的宗教仪式。

英国首位驻印度大使托马斯·罗伊爵士于一六一七年到达印度。他通过贾汉吉尔在一个常见的醉酒之夜所说的话，明确记录了国王本人施行宗教宽容政策的决心：

这位仁慈的君王陷入了对摩西、耶稣和穆罕默德的戒律的争论之中。畅饮间，他十分和善地转向我说："我是国王吧？因此我应该欢迎你。"基督徒、摩尔人和犹太人，谁的信仰他都不加干涉。他关爱他们，保护他们，避免他们犯错。人们生活在他所保障的安全之中，不会受到任何人的压迫。他反复说着这番话。在烂醉之中，他开始哭泣，讲着宗教受难故事，我们直到午夜才得以离开。

不管清醒与否，贾汉吉尔的宽容都令人惊讶。在他巡视自己江山的途中，成千上万的居民曾目睹他拜访圣人，走进庙宇，见证这一多重信仰的社会运作方式的公开展现。但贾汉吉尔对异教奥秘的积极探索似乎也受到个人欲望的驱策。他曾和一位著名的印度教隐士、托钵僧贾祖普进行多次私下会面，并在自传中记录了某一次的情形：

他选择居住在一个由人工挖掘并装上门的山洞里，……在这个狭小阴暗的洞穴中，他孤独度日。在寒冷的冬日，他虽然除了在身前与身后包裹的一块破布之外近乎全裸，却从不生火……与我会面后他侃侃而谈，给我留下了很深的印象。

从贾汉吉尔的行文来看，这样的会面在莫卧儿统治阶层的政治生活与精神生活中都有着同样重要的意义。这种权贵向贫穷的圣人求教的场面很难在别的国家看到。不管在当时抑或其他任何时候，你都无法想象一位欧洲统治者会被描绘成对宗教教诲恭敬接纳的形象。印度史学家阿曼·纳斯回溯了几个世纪以来印度政治家与宗教圣人的会面：

我出生在印度，从小接受当地的文化、文明和历史的熏陶，因此这种场景在我眼里再自然不过，甚至到了今天也没多大改变。政治家和当权者仍旧前去拜访圣人，尽管出发点可能不那么正当。但在我们谈论的这幅画中，信仰远远高于政治和权力。作为另有要事在身的年轻人，王子所习惯的思考方式是，如果得到圣人的祝福，便会国泰民安。没有人强迫他这么做，他去拜访一位苏菲派圣人，面对他自然地俯首，我认为画作的关键正是在于：一位拥有巨大权力、财富及野心的人坐在地上，跪在一位奉献出了一切的圣人面前。印度人有"少即是多"的观念。由于贫困现象普遍，这种"贫乏"反而与神圣相联系。圣洁的人一无所求，只有愚蠢和贪婪的人才觊觎一切，这一说法成了一种补偿的形式。

尽管继贾汉吉尔的时代之后，印度发生了多次政治剧变，但国家兼容并包、平等对待各宗教的传统一直被沿袭下来，成为现代印度的基本治国理念之一。

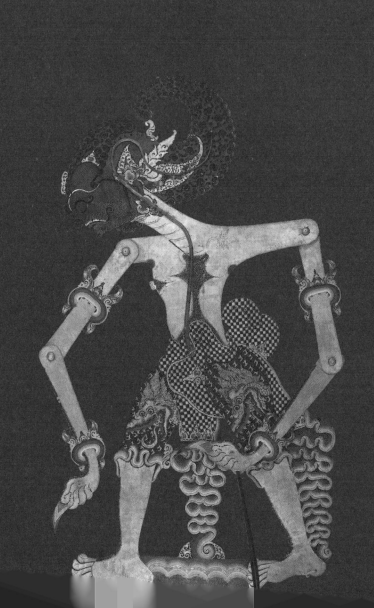

83

皮影戏偶比玛

皮影戏偶，来自印度尼西亚爪哇岛
公元一千六百年至公元一千八百年

当幼年的贝拉克·奥巴马被带到爪哇与印度尼西亚籍新继父一起生活时，他在路边看到跨立着的人身猿面的巨型雕像，感到惊讶不已。有人告诉他，那是哈努曼，印度教的猴神。至于一尊印度教神祇的大型雕像何以会被摆放在当今以穆斯林为主的印度尼西亚街头，则有一个涵盖了包容与融合的精彩故事，一种对异教矛盾的温和折衷的解决方式，与之前我们看到的任何多元宗教社会都不尽相同。这个故事在一定程度上可以用一张来自印度尼西亚皮影戏院的皮影戏偶概述。皮影这一家喻户晓的艺术形式古老但活跃至今，在传统的基础上又融入了许多当代政治的因素。通过这张戏偶和他的同伴，我们能对始于五百年前并影响至今的东南亚政治及宗教变迁做一番深刻的挖掘。

本节中的这张皮影是大英博物馆的数百张藏品之一，制作年距今两百年的印度尼西亚爪哇岛。它高约七十厘米，用僵硬而戏剧性的轮廓勾勒出一个男性角色，名为比玛。比玛的五官分明，近似漫画风格，鼻子极长，长而细的双臂末端各长着一只大爪子。身上是类似蕾丝的精致镂空装饰，可以在表演中让影子夺人眼球。比玛的脸是黑色的，但衣着是镀金的，佩戴的装饰色彩艳丽。虽然现在他毫无生气，看起来也十分脆弱，但他曾经在爪哇宫廷的通宵表演中让观众如痴如醉。这种表演从古至今一直被称为皮影戏。

皮影的外形是十五世纪至十六世纪时最突然的一大宗教变革的产物。当时，西班牙人正努力让新大陆居民改信基督教，而伊斯兰势力则扩张到了今天的马来西亚、印度尼西亚和菲律宾南部等地。到公元一千六百年，大部分爪哇人成了穆斯林。但远在伊斯兰教到来之前，皮影就已经是爪哇人生活的一部分了。比玛这个人物也不止闻名爪哇，在整个印度都家喻户晓，因为他是伟大的印度教史诗《摩诃婆罗多》中的角色。不过这一印度教的角色在爪哇是由身为穆斯林的皮影艺人表演给穆斯林观众看的。这点似乎无人在意，印度尼西亚的皮影戏院如今仍在不断融合印度教、伊斯兰教及其他异教的元素。

制作类似比玛的皮影直到今天仍然是项高技术工作，需要各行工匠通力合作。它用材为经过特别准备的水牛皮，需要通过不断刮擦和拉伸，直到皮革变得薄而透亮。戏院的爪哇语说法"Wayang Kulit"正是以这种原料命名的，意为"皮革戏院"。这块皮之后会经过镀金和描画等步骤并安上可活动的胳膊，身体和四肢上固定用犀牛角制成的把手，用以控制它的动作。

在历史上，皮影戏院中的演出都是通宵进行。放置在皮影艺人头顶后方的油灯将皮影的影子投在白幕上。部分观众——通常是女人和孩子——坐在幕后观看，而男性则坐在观众席上。皮影艺人被称为"dalang"，他们不只要控制皮影的动作，还要指挥伴奏的加麦兰乐团。

当今著名的皮影戏艺人苏玛萨姆告诉我们顺利完成一次皮影表演有多复杂：

> 你需要控制皮影，有时一人要同时控制两三个甚至多达六个皮影，还要清楚什么时候该给乐队演奏的信号。此外，皮影艺人当然还得给皮影配上对话，有时还需要唱歌来营造气氛，表现不同的场景。他得调动起四肢，而这一切都是在盘腿而坐的状态下完成的。这份工作很有趣，但也很富挑战性。演出的故事情节可以调整，但结构通常是一致的。

皮影戏院里上演的故事大部分选自两部伟大的印度教史诗,《摩诃婆罗多》和《罗摩衍那》,均创作于两千多年前。这两部史诗在爪哇流传甚广,因为在伊斯兰教成为爪哇最大的宗教之前,印度教和佛教是当地的两大信仰。

和公元八百年启迪了婆罗浮屠(第 59 节)的佛教、创造了《摩诃婆罗多》的印度教类似,伊斯兰教也是通过将印度尼西亚与中东及印度相连接的海上贸易路线传入爪哇的。爪哇的统治者很快发现了成为穆斯林的优势:除了宗教本身的吸引力外,它还让爪哇与当时的伊斯兰世界的贸易往来更便利,同时也有助于处理与奥斯曼土耳其和莫卧儿印度这两大穆斯林势力之间的外交关系。这一新宗教在众多方面都为爪哇带来了巨大改变,但就整体而言,爪哇本地的文化与信仰并未完全被伊斯兰教取代,而是逐渐将其化入了自身。

对此,新上任的伊斯兰统治者似乎泰然接受,他们时常光顾皮影戏院欣赏那些一如既往流行的印度教故事。观众始终能一眼认出比玛的皮影。他在《摩诃婆罗多》中是五个英雄兄弟中的一个(你可以通过网上的动画了解他们的战绩),是他们中最伟大的战士。他出身高贵,个性坦率,像天神般强壮,据说力气与一万头大象相当。他同时也爱开玩笑,还是个手艺高超的厨师。他用如利爪般尖利的指甲碰一下敌人就能置其于死地。

皮影戏中通常以红脸来表现恶毒与残忍的反面角色,而比玛的黑脸则代表了内心的镇定与沉着。它的外形表明伊斯兰教元素已经融入了传统的印度教艺术,就这一点,只需将爪哇皮影和附近巴厘岛上一直保持着印度教信仰的皮影进行对比便一目了然了。爪哇岛的皮影比玛长着漫画式的鼻子,手如鸟爪,而巴厘岛的则具有比较圆润自然的面部特征,其四肢与身体的比例也更切合实际。如今,很多爪哇人都认同这些差异是宗教因素造成的。爪哇的穆斯林工匠特意对传统的印度教皮影的形态做了改动,以回避伊斯兰教不能为人与神制作肖像的禁忌。**据说,在**

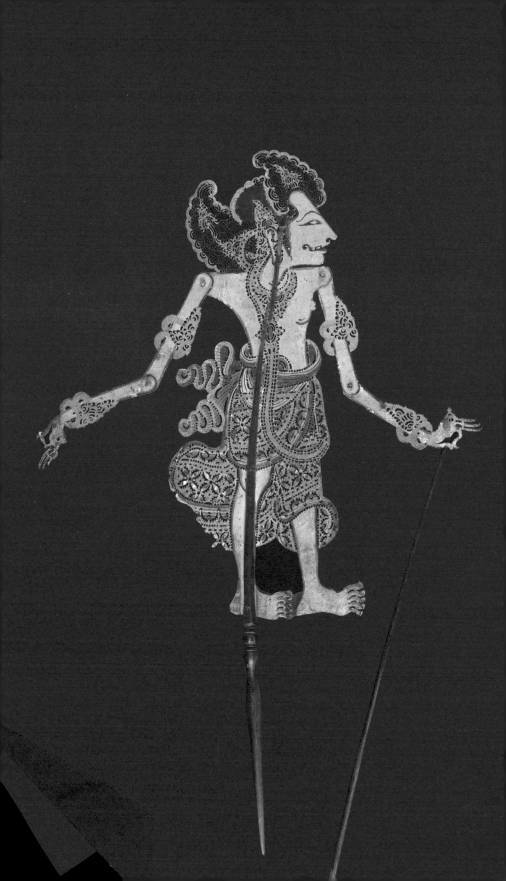

十六世纪至十七世纪时有人一度试图禁止皮影表演，是著名的穆斯林圣人苏南·吉里想出了这个改变皮影外形以免犯忌的妙计。这个皆大欢喜的折中对策也许可以对这张皮影古怪的外形做出解释。

今日的印度尼西亚有两亿四千五百万人口，是世界上人口最多的伊斯兰国家。在那里，皮影表演仍然十分活跃。出生于马来西亚的作家欧大旭陈述了现代皮影戏的作用：

> 如今大家仍然密切关注皮影表演的内容。这种艺术形式在不断推陈出新，不断产生令人激动的新用途。虽然皮影戏的主体仍取自《摩诃婆罗多》和《罗摩衍那》，但年轻几代的皮影艺人常常会在表演中加入生活化的幽默内容，偶尔也会对印度尼西亚的政坛进行粗俗的评论。这一点在其他地方很难复制。我记得一九九七年经济危机过后，在雅加达上演了一出名字大致可译为"昏睡的舌头"或"沉默的舌头"的独角戏。时任总统的哈比比被塑造成一个名叫噶冷的滑稽角色，他身材矮小，眼睛细而亮，为人无比真诚但总是事倍功半。因此，从多个方面来看，皮影戏都已经成了针砭时弊与政治的源头，这一形式是易于审查的电视、报纸和广播所难以实现的。皮影戏拥有更强的可塑性，更容易接触到普通老百姓，因此也更难为政府所控制。

然而会利用皮影戏影响力的不仅是在野党。前总统苏加诺，即二战后摆脱荷兰统治而独立的印度尼西亚的第一任总统，也喜欢和皮影戏角色扯上关系。他尤其爱以比玛这正义而强大的战士形象自居，爱和普通百姓一样说话，不使用精英的话语。他也常被喻为操控印度尼西亚人的皮影艺人，他替他们发声，带领他们走进新的国度，引导他们写下民族史诗，在一九六七年被罢免前，他在领导印尼的二十年间正是这样做的。

然而这张皮影为什么会出现在大英博物馆呢？答案也仍旧在于欧洲政治。一八一一年至一八一六年间，作为在全球范围内抗击拿破仑治下法国的战略之一，英国占领了爪哇。到任的英国新总督莱佛士爵士（也

来自巴厘岛的皮影"比玛"面部较自然

是其后新加坡的"发现"者）是一位严谨的学者，对各时期的爪哇文化都抱有相当的热情（第 59 节）。和历任爪哇统治者一样，他在赞助皮影戏表演的同时也收集皮影。这张比玛便是他的藏品。英国的短期统治也能解释另外一个现象——在穆斯林的雅加达，年幼的奥巴马在街上看到印度教神祇时所乘坐的车靠左行驶。

84

墨西哥手绘地图

绘制在树皮上的地图，制作于墨西哥特拉斯卡拉
公元一五五○年至公元一六○○年

　　什叶派的阿拉姆、莫卧儿细密画和爪哇皮影都是不同宗教通过合理
而积极的方式和谐并存的文化的写照。在十六世纪至十七世纪的印度、
伊朗和印度尼西亚，宗教宽容标志着治国有方。但在同时期的墨西哥，
以征服工具身份到来的基督教，被当地土著接纳的过程极为缓慢。五百
年后的今天，墨西哥有 80% 的人口信仰基督教，而其间墨西哥的地表景
观也发生了变化：入侵者推倒了阿兹特克帝国各地的神庙，建起教堂取
而代之。在今天看来，这似乎是一种文化对另一种文化最为野蛮和彻底
的更替。

　　在墨西哥宪法广场，西班牙总督的官邸直接修建在被摧毁的蒙提祖
马宫殿的遗址上。附近还有阿兹特克神庙的废墟，它的神圣区域多被庞
大的敬献给圣母马利亚的西班牙巴洛克式教堂占据。从宪法广场的变迁
来看，一五二一年西班牙对墨西哥的入侵似乎对当地传统的方方面面都
是一次毁灭性的打击，这与人们的所闻相符。不过真实情况并非如此突
兀，也较为有趣：当地人保留了自己的语言，在大部分地区也保留了自
己的土地，尽管西班牙人无意中携入的致命病菌让很多土地空了出来并
被西班牙移民占据。本节中的文物将向我们表明这种复杂的信仰融合是
如何实现的，其中西班牙人采取的方式和当地传统的弹性同时起了作
用。

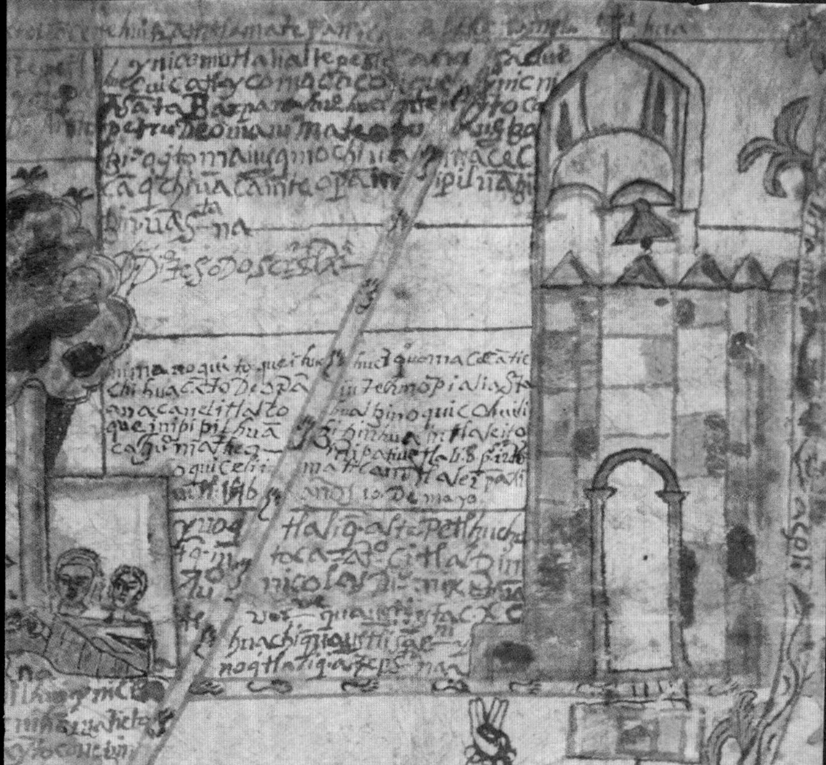
10 De mayo

这是一幅带注解的地图，宽约七十五厘米，高五十厘米，用一张十分粗糙的纸（实际上为被打薄的墨西哥树皮）绘制。地图上的几何线条也许代表了田地的划分，上面标记的名字则表示土地所有者。一条蓝色的小河以波浪线表示，画着脚印的分岔路代表交通大道。地图上还绘有图案——中间是一棵树，树下有三个穿着欧洲服饰的人，还有两座用鲜艳的蓝、粉、黄三色绘制的带钟楼的大型教堂，它们是地图上主要的图案，分别为圣芭芭拉教堂和圣安娜教堂。

这份地图所绘制的是一片位于墨西哥城东部特拉斯卡拉省的地区。当地居民曾经饱受阿兹特克统治者的压迫，因此积极地配合了西班牙人击垮阿兹特克的战争（第78节）。这足以解释为什么地图上许多土地所有人的名字有西班牙定居者与当地印第安贵族通婚的痕迹。这是两个民族之间进行卓有成效的融合，并产生了一个全新的混血统治阶层的证明。更令人吃惊的是，类似的融合也出现在教会中。例如，之前特拉斯卡拉的大部分地区由本地神祇多西守护，她是墨西哥诸神的祖母。但在战争之后，守护神的角色被基督教传统中基督的祖母圣安娜所取代。祖母也许是改了名字，然而在本地信徒眼中，她在很多重要方面的特征都不大可能被颠覆。

在西班牙统治下的墨西哥社会，宗教是民众生活中除疾病外意义重大的新方面。在十六世纪二十年代与入侵者一同到来的基督教传教士们改变了当地的宗教面貌。军事征服在很多地区是充满暴力的，但信仰的转变通常并非是强制性的：传教士是真诚地想把真正的信仰灌输给他们，因而认为强迫人去改变信仰是没有意义的。但就算很多印第安人自愿改信基督教，我们也很难相信他们会欢迎他人捣毁本地原先的宗教场所，然而这一行为是西班牙宗教政策的关键。西班牙征服美洲十年后，圣方济各会的一名传道士如此吹嘘教会在墨西哥取得的新的胜利成果：

超过二十五万人接受了洗礼，五百座神庙被摧毁，两万六千多座印第安人曾崇拜过的神灵雕像被推倒和焚毁。

地图上所耸立的圣芭芭拉和圣安娜教堂，其中一座明显是建立在被捣毁的当地庙宇的旧址之上。艺术史学家塞缪尔·艾杰顿对这一行为有如下说明：

> 墨西哥有许多教堂都修建在原有的异教庙宇的地基上。这是个极为巧妙的策略，因为修建在旧有庙宇上的新教堂更容易让印第安人接受。教堂的中心建筑之前常有一片大院落，如今通常被称为前庭或天井。这是传教士在墨西哥修建教堂时采取的一项革新。因为起初当地教堂总是很小，无法容纳所有被带来皈依基督教的印第安人，只好让全部人都站在大院子里，由神父在户外礼拜堂布道。这样一来，将教堂作为"皈依的会场"使用就简单多了。

地图上的这两座教堂——两个皈依的会场——是在具备了道路、水道和房屋的环境之中建造的。人名和地名都是混合了西班牙语和当地的纳瓦语写就的：比如，圣芭芭拉教堂位于名为圣芭芭拉达玛索尔克的村庄里。"达玛索尔克"意为蟾蜍之地，蟾蜍明显在基督教传入之前便拥有宗教地位，不过如今已经消失。作者在地图上画了一只蟾蜍，于是两种宗教传统在这个拥有古怪名称"蟾蜍之地的圣芭芭拉"的地方共同延续下去。

它们同样也在改变了宗教信仰的人们心里延续。地图上有这样一段话——胡安·伯纳比对妻子说："我的姐妹，让我们赋予我们的后代以灵魂，种下会成为我们回忆的柳树。"这让我们对其私人的信仰有所体会。胡安·伯纳比虽然以两位基督教圣徒的名字冠名，但明显仍然相信对其后代的救赎需要通过当地传统中与自然世界的交流来完成，而并非借助去附近的天主教堂做礼拜。二者至少是同样重要的。

在被入侵者称为"新西班牙"的这片土地上，新出生的婴儿像胡安·伯纳比一样，在接受洗礼后拥有了基督教教名。但也像胡安·伯纳比一样，他们并不会因此而成为纯粹的基督徒。之后的改革者继续破坏本地古老的宗教仪式和社会习俗，将咒语、占卜和佩戴面具划为巫术或邪教而加以惩罚。但仍有很多仪式靠着当地人的坚忍顽强得以保存。最令人惊奇的例子也许要数现代的墨西哥亡灵节，它将基督教到来之前敬拜祖先的仪式和基督教的万灵节相结合。这是全然墨西哥式的庆典，至今仍被热烈庆祝，在每年的十一月二日，世人追思逝者，用艳丽的服饰装饰骷髅和头骨，演奏节日音乐，献上特别的供品和食物——一种同时承袭了印第安本土宗教仪式和天主教信仰的节日，而前者的影响更大。

地图上出现的纳瓦语也勉强保留了下来。据二〇〇〇年进行的一项调查显示，墨西哥如今仅有约 1.49% 的人能说这门语言。但最近，墨西哥城的市长表示希望所有的政府工作人员都去学习纳瓦语，以复兴这门古老的语言。其实很多纳瓦语词汇一直为大家所用，比方 tomato（西红柿）、chocolate（巧克力）和 avocado（牛油果）等，只是很少有人知道它们源自纳瓦语。还有一点必须提及，纳瓦语中没有任何与宗教有关的词汇流传下来，想来也许不足为奇，因为它们早在当初传教过程中便被消除了。

五百年过去了，如今的墨西哥人越发渴望重振自己在西班牙人到来之前的历史传承，将其作为塑造自己民族身份的一部分。但在宗教方面，基督教的影响仍然是无可匹敌的。尽管二十世纪时曾发生过大规模的共产主义反教会革命，但就如生于墨西哥的历史学家费尔南多·塞万提斯博士所言，墨西哥和天主教信仰之间的关系仍然是无法一刀两断的：

> 墨西哥社会有着非常强烈的反宗教、反教会的民族主义意识。但十分矛盾的是，就算是最坚定的无神论者也无法否认自己在供奉，比如说，瓜达卢佩圣母。基督教根深蒂固的基础在这里得到了强烈体现。如果你身为墨西哥人，便不能不与基督教产生关联。你从这里就能看出早期的基督教化有多么强大的威力，能让影响力发挥至今。

瓜达卢佩圣母教堂前拥挤的人群

塞万提斯博士所说的一切，实际上包括地图上所展现的基督教影响下的墨西哥的一切，而这在很大程度上都可以从墨西哥城城郊的瓜达卢佩圣母教堂里看到。它是世界上拜访人数第二的基督教圣地，仅次于梵蒂冈。一五三一年十二月，在西班牙人到来后不过十年，圣母马利亚便在一座阿兹特克神庙的遗址上向一名被西班牙人称为胡安·迪亚戈的年轻人显灵。她要他相信自己，并展示神迹，将自己的形象印在他的斗篷上。其后在胡安目睹圣母显灵之处便修建起一座教堂，斗篷上的图案也创造了奇迹，使众多世人皈依了天主教，教徒也蜂拥前来瓜达卢佩。在很长一段时间里，基督教的神职人员都担忧这是一种在阿兹特克神庙遗址上对阿兹特克女神崇拜的延续。但经过几个世纪的演变，这两种宗教的融合已被证明是势不可当的；如今，瓜达卢佩因游客数量过多，只好安装传送带将人送达圣像面前。一七三七年，瓜达卢佩圣母被奉为墨西哥的保护神。二〇〇二年，教皇若望·保禄二世宣布胡安·迪亚戈这位出生于蒙提祖马时代的年轻人为全世界天主教会的圣徒。

85

宗教改革百年纪念宣传画

木版印刷，来自德国莱比锡
公元一六一七年

如今，当你打开电视或是报纸，总会遭到一个又一个周年纪念日的狂轰滥炸——某事件一百周年，或是某事件的两百周年。在这种纪念的狂热中，我们当下的通俗历史似乎有以百年纪念的形式来书写的趋势，并且以书籍、展览、T恤和特别纪念物等作为辅助。那么这种周年纪念习惯到底始于何时？答案将我们带回十七世纪时为获得宗教自由而进行伟大抗争的北欧。现代周年纪念仪式似乎始于德国，即一六一七年的萨克森选侯国。当时所纪念的是发生于一百年前的著名事件：据传在一五一七年，马丁·路德操起一把锤子，将自己内心的宗教宣言——《九十五条论纲》钉在了教堂的大门上，由此引发的一场宗教骚乱最终演变成了宗教改革运动。本节中的文物便是一张为百周年纪念而作、印在宽幅纸上、表现路德著名举动的贴画。这不仅仅是一场庆典活动，也是做好了开战准备的宣告。

一六一七年制作这张宣传画时，欧洲新教徒正面临着危险莫测的未来。新年伊始，罗马教皇通过公开祷告，呼吁天主教国家团结起来铲除异教。他实际上是在呼吁天主教会武装起来反对改革运动。在很多人看来，一场可怕的宗教战争一触即发。作为回应，新教徒也意欲找寻一种方式来召集支持者迎战，但与天主教会不同，他们缺乏一个能够直接向信徒发号施令的中心权威，因此需要另觅途径来表明改革是上帝对世界的安

Vom Ablaß.

Rom

...diger Traum / welchen der Hoch
...sonderer Offenbarung Gottes / gleich itzo für hundert Jahren /
...habt / Als folgenden Tages D. Martin Luther seine Sprüche wider
...jubilierenden Christen nützlich zu wissen / in dieser Figur eigentlich fürgebildet.
...Vther)chen IVbeLfest.

排，普通民众无须通过神父便能感受到上帝的恩泽，罗马教廷腐败不堪，路德的改革才是拯救所有灵魂的根本之道。最为重要的是，他们急需一种对自己过去的阐释，来为新教徒提供面对可怕未来的力量。

在此之前，没有哪个特殊的日期或时刻被确定为宗教改革的起点。但是萨克森的新教徒领袖意识到，路德第一次公开挑战教皇权威的英雄壮举——把他的《九十五条论纲》钉在位于萨克森的威登堡城堡教堂的大门上——发生在一五一七年十月三十一日，距当时正好一百年。基于对媒体公关的灵敏嗅觉，他们发起了现代意义上的第一次百年纪念。现代人熟悉的所有狂欢场面、道具当时都已具备：仪式、游行、纪念品、徽章、绘画、印制的训诫以及这张宣传画——描绘了那一关键时刻的木版印刷画。它至今被新教徒视为他们狂热的宗教之旅的起点。

宣传画的构图较满，但所传达的信息十分明确：上帝托梦给萨克森选帝侯，揭示了马丁·路德的历史性作用。画面上的选帝侯正在熟睡。在他下方，路德正就着从天堂射下的一束光阅读《圣经》，领受上帝赐予的福泽。路德抬起了头，光芒照在他面前的书页上：经文书写的是上帝的话语，阅读它就是与上帝相逢——而这一切并非发生在教堂内。这就是最为直白的宣言：对新教徒来说，阅读《圣经》是信仰的基础活动，是一种借助新的印刷技术，让所有信徒都可以各自在家进行的活动。

这张宣传画制作于莱比锡，此地在一六一七年是欧洲印刷业的中心。据宗教史学家凯伦·阿姆斯特朗介绍，当时北欧整体的宗教模式已经因为对阅读上帝话语的推崇而发生了改变：

> 在这幅图中可以明显地看出对阅读经文的推崇。在此之前，宗教注重的恰是倾听语言之外的事物。信众所关注的通常不是语言、概念或论题，而是图画、圣像、音乐和仪式。而印刷术的发明促进了路德思想的传播，文字在各方面都应用得更加普遍。这自此成了西方宗教的一种烦扰，因为如今我们都困在了文字无尽的迷宫之中。印刷术让信徒第一次拥有了自己的《圣经》，这彻底改变了他们的阐

释方式。

    若没有印刷术,宗教改革也许无法成功。宣传画上文配图的方式表明,在文字印刷广为流行的同时,图像的使用仍然十分频繁。在十七世纪的欧洲,大部分人依然目不识丁,就算在城市里也只有不超过三分之一的人能够阅读。兼有图像和少量关键词的印刷品是大众宣传中最有效的工具。甚至今日我们都清楚,出色的漫画常常能在公开辩论中起决定性作用。

    这件印刷品的前端呈现了路德在教堂门上书写的情景,他拿着全世界最大的鹅毛笔写出"Vom Ablass"字样,意为"论豁免权"——这是他对教廷出售豁免权的尖锐攻击文章的标题,针对教廷让信众在有生之年付给他们金钱以减少死后灵魂涤罪时间的举措。出售豁免权在德国引发了对教廷尤为强烈的不满。路德的鹅毛笔一直延伸到画面中央一座标示着"罗马"的带城墙的城市,并径直穿过了一头蹲踞其上、标着"教皇利奥五世"字样的狮子的脑袋。仿佛这样还不够,它还戳去了以人类形象露面的教皇头上的冠冕。这是古往今来最为强大的一支笔,它所传达的信息虽然粗糙,但是一目了然——阅读经文启迪了路德,他借笔之力终结了教皇的权威。

    这一类的木版印刷是最早的大众传媒工具——一次可印数万张,每张的价格降至几芬尼,相当于一对香肠或是几品脱麦芽酒的价格。讽刺漫画被钉在酒馆和市场里,引发了广泛议论。这完全就是流行艺术,相当于八卦小报或针砭时弊的杂志,和《私家侦探》异曲同工。我们就此询问了这份杂志的编辑伊恩·希思洛普:

      这张宣传画的编辑完全做到了你想要的效果。他吹捧他的英雄,将敌人妖魔化,把他先变成动物,之后又表现为一个可笑的人物,一个表情茫然、帽子被人戳掉的蠢货。从这支大笔上掉落了许多小笔,因此人人都能拿到一支——这与书写有关,与文字有关,也与印刷术有关。因为《圣经》如今可被印刷,于是我们发现自己接近了天堂,上帝的话语从天堂直接落到了书页上。

　　正因如此，你和上帝之间不再有神父，也不再有教皇，什么都没有。我喜欢这幅画的一点是它给人阅读杂志的体验。上面的大幅画面以及明显为漫画风格的戏谑语，附以很多确保你能完全领略其含义的说明。以我的德语水平看不懂上面的很多笑话，但这幅画给我很强的代入感，可以想象上面有人在说"所有进入此地的人一起废黜教皇"，或是拿着笔的路德说"这是上帝之笔"，不过很多严谨的天主教徒会回应："没错，但你的阐释过于倾向路德了。"实际上我希望他们的戏谑会更高明一些，不过图片已经很清晰地表明了它所要传达的思想。我觉得这一点它做得相当棒。

宣传画的受众明显是广大普通百姓，但它也预设了一位特别的读者：萨克森选帝侯。如果宗教分歧最终导致了公开的战争，新教徒唯有得到官方的武力庇护才能生存下去。一六一七年的萨克森选帝侯应该与他在一五一七年的前辈一样坚决，德国其他的新教徒统治者也该如此。

　　战争在第二年，即一六一八年爆发，在中欧造成了长达三十年的破坏。一六四八年，精疲力竭的双方都认识到这不过是场两败俱伤的斗争。三十年交战中的牺牲让勉力参与的双方意识到，长期和平必须通过天主教与新教之间实际上的宽容与法律上的平等来达成。

　　在本书的这一部分，我们了解了十七世纪世界各地不同社会对待宗教差异的态度所带来的政治影响，包括天主教与新教，逊尼派与什叶派，印度教与伊斯兰教。伊朗的萨菲王朝和印度的莫卧儿帝国或多或少达成了和平共处的局面，而基督教的欧洲则陷入了战乱。然而在十七世纪八十年代，英格兰哲学家约翰·洛克在《论宗教宽容》一书中提出了在欧洲出现皆大欢喜的结局的可能性：

　　包容宗教信仰上的异见者符合《福音书》的教义，也合乎理性。人们竟然无视这一如此清晰的观念，实在是非常荒谬。

信仰的方式是多样的，这一通过昂贵而惨痛的代价换取的信念，改变了欧洲人的学术与政治生活。因此在一七一七年，路德于教堂大门上钉论纲事件的两百周年纪念日到来之际，人们制作了新的海报，同时整个欧洲大陆将要展开一场与宗教改革同样影响深远的革命，在很多方面它也可以说是宗教改革的结果——启蒙运动。

第十八部分

探索、剥削与启蒙运动

公元一六八〇年至公元一八二〇年

　　欧洲启蒙运动（1680-1820）时期，科学研究与哲学思想得到了蓬勃发展。虽然启蒙运动常与理性、自由、进步相提并论，但这一时期也是欧洲帝国主义扩张的时期，跨大西洋奴隶贸易到达了顶峰。航海业的重大发展使欧洲水手得以对太平洋进行更深入的探索，夏威夷和澳大利亚的原住民文化因而第一次与外部世界接触。欧洲与世界其他大洲之间的对话和交流、艰难的贸易、误解以及直接的冲突使这一段历史矛盾重重，又多半以种族镇压和社会分裂而收场。不过，欧洲并非世界上唯一经济繁荣增长的地区：许多欧洲人一致认为清朝治下的中国是历史上帝国治理的最佳典范，而它也正经历着自己的启蒙运动。

86

阿坎鼓

鼓，制于西非，发现于美国弗吉尼亚州
公元一七〇〇年至公元一七五〇年

爵士乐的真正精神是一种愉快的反抗，反抗惯例、习俗、权威、平庸乃至伤痛——反对限制人的灵魂，反对一切阻碍灵魂自由翱翔之物。

这是美国黑人历史学家 J. A. 罗杰斯在二十世纪二十年代就爵士乐本质写下的文字。爵士乐是一种自由与反叛的音乐，它的历史可以追溯到十八世纪非洲和美洲之间那段进行奴隶贸易的黑暗岁月。当时，鼓随奴隶们一起从非洲被带到美洲，而音乐赋予了这些流离失所的被奴役的人一种声音，让他们将不同族群联结起来，创造出了一种最终跨越各大陆的语言。在主宰了整个二十世纪非裔美国人的音乐传统中，类似这样的鼓占据了首要位置。布鲁斯和爵士乐只是从中衍生的两种广为人知的音乐类型。鼓是一种蕴藏着痛苦或风霜的反叛音乐，是自由之音。

这是大英博物馆藏品中最早的非裔美国人的物品。它制作于非洲，被带到美洲，最终被送到了英国。从它和类似的物品中我们能重新发现关于历史上规模最大的被迫迁徙的故事。这些彻底孤立无援的人被禁止携带任何物品，但音乐就在他们心中。与此同时，有一两件乐器也被运上了船，正是它们开始了美国的黑人音乐。普林斯顿大学教师克瓦米·安东尼·阿皮亚认为：

这些鼓对生命而言举足轻重，如果能带一只去新世界，它就能成为随身携带的故乡记忆的源泉。这正是那些被夺去自由的人拼命抓紧的东西之一。

一七五三年，大英博物馆成立不久，欧洲与世界各地区的交流——启蒙运动中搜集全世界知识的事业——正在全力进行。博物馆成立之初，藏品主要来自汉斯·斯隆爵士的遗赠。他是一名爱好广泛的爱尔兰医生，藏品包括科学设备、植物标本和各种材料、动物标本以及来自世界各地的有趣的手工制品。这面鼓也是他的收藏之一，于一七三〇年前后在美国弗吉尼亚州寻获。十八世纪时，人们普遍认为它属于美洲印第安人。直到一九〇六年，一位博物馆工作人员提出异议，认为它更像是来自西非。他的这一推测此后被皇家植物园和博物馆的同仁进行的科学检测所证实。现在我们知道，鼓的主体由非洲破布木制成，这种木材在西非十分普遍，而其余部分，即木桩和绳索，也来自同一地区的木材和植物。毫无疑问，这是一只非洲鼓，一七三〇年时它已经从西非远渡重洋来到了弗吉尼亚。

第一批非洲奴隶是于一六一九年抵达英属北美地区的。他们被欧洲船只运抵美洲殖民地，作为日益扩展的种植园劳动力。他们一开始种植的是蔗糖和水稻，之后是烟草，最后才是最为人知的棉花。到十八世纪早期，奴隶贸易为欧洲海洋霸主和西非统治者带来最为丰厚的利润。计有一千二百万名非洲奴隶先后被运到美洲，使欧洲和非洲双方都获益不浅。继承了双方血统的瓦米·安东尼·阿皮亚如是说：

我总喜欢告诉别人，我父母祖上都出现过奴隶贩子。我的英国先祖与加纳先祖中都有人参与奴隶贸易。你得明白这是一种贸易关系。到十八世纪时，在这面鼓的来源地、我的成长之处阿善提地区，人们十分依赖奴隶贸易。他们外出作战，抓获大批人口，将他们送到海岸边，用以交换来自欧洲的货物，其中包括不少助他们发动更多战争的枪支。

这面鼓是阿坎人的物品，该民族建有阿善提和芳蒂两个王国。它极有可能来自非洲宫廷，也许曾是某个鼓乐团中的一面——音乐和舞蹈都是构成非洲社会生活和仪式的基本元素。

我们推断，这面鼓被带上了一艘运奴船，但并非奴隶所为，因为他们不能携带任何物品。也许它是送给船长的礼物，或是由一位酋长之子携带的——我们知道作为一种教育方式，他们有时会随奴隶前往美洲。在船上，鼓完全与奏乐娱乐无关，它的用途被荒诞地称作"让奴隶跳舞"：

> 船一装满（奴隶）便立即起航。这些可怜的家伙，眼里还望得见自己的故土，就陷入了疾病与死亡之中……唯一能使他们活命的方法就是为他们演奏乐器，尽管收效甚微。

奴隶被带上甲板，被迫随着鼓点的节奏跳舞，以保持身体健康，克服抑郁情绪。奴隶船主很清楚，后者很可能导致奴隶自杀或大规模反抗。在美洲种植园里，奴隶一度被允许敲鼓奏乐。但没过多久，奴隶主便开始担心这种再度成为大众交流方式的鼓乐非但不会防止奴隶反抗，反而是一个激发因素。事实上，在一七三九年的南卡罗来纳州，鼓确实成了奴隶召集武装反叛的工具。因此殖民地当局立法禁止使用非洲鼓，将其归为武器。

将这只鼓带回伦敦的汉斯·斯隆本人也是牙买加的一位奴隶主，他出版了世界上第一本奴隶音乐集。他也对奴隶使用的乐器做了描述，并解释了牙买加当局最终决定禁止其使用的原因：

> 起初，奴隶可以随意吹奏喇叭、敲打用一截中空的树做成的鼓庆祝他们的节日……但他们在非洲故乡时常常将其用于战争场合，

于是人们唯恐这样也会引发他们在此地的反抗。因此，岛上明令禁止擂鼓奏乐。

斯隆在十八世纪早期收集的这只阿坎鼓，也许便是种植园没收的一只。它高约四十厘米，木制鼓身上雕刻着图案，脚座较小。有趣的是，鼓面上蒙的是鹿皮，几乎可以肯定来自北美印第安人之手，很有可能是与当地美洲土著交易所获。在十八世纪的美洲，非裔与土著之间的复杂关系常常为人忽略，但实际上他们有大量的贸易往来，甚至也存在通婚。一些美洲土著也拥有奴隶，包括其他土著或者非裔奴隶。这段历史不常被人提起，但它为这面鼓在十八世纪被错判为印第安鼓提供了一点佐证。

这面鼓所承载的故事正是全球范围内的被迫迁徙：沦为奴隶的非洲人被运送到美洲，美洲土著因奴隶种植园的不断扩展而向西迁徙；这面鼓本身也从非洲带到弗吉尼亚，并在故事的最后来到了伦敦。至此，最精彩的部分开始了。一些奴隶的后代如今也来到了伦敦，这些昔日奴隶买卖各方参与者的后代——英国人、西非人、非裔加勒比海人如今共同生活在一个国际化大都市里。阿坎鼓成了二十一世纪典型的伦敦"居民"。生活在伦敦的非裔美籍剧作家、大英博物馆理事邦妮·格里尔解释道：

> 这面鼓本身让我想起航行和跨越。我横穿大西洋来到此地，它也是如此。对我而言它代表了我的祖先经历过的旅程。许多英国黑人的祖先也一样。
>
> 作为同时拥有非洲和美洲土著血统的美国人……它象征着我的两个组成部分，这同样也是许多非裔美国人和许多加勒比海人的组成部分……我一直说，这些物品的最重要之处在于，它们一直陪伴着被迫离开故土和熟悉的环境的我们。它们的身份实则随着我们身份的变化而变化。它们陪伴我们在这里扎下根来，欣欣向荣。我们是它们的一部分，它们也是我们的一部分。因此再没有比这里更适合它的地方了。

这面鼓是许多对话的记录者。而下一件文物所记录的不是对话，而是误解。它来自世界的另一端，是詹姆斯·库克船长的收藏品。它无法发出声音，却也是一段文化碰撞后意味深长的证词。

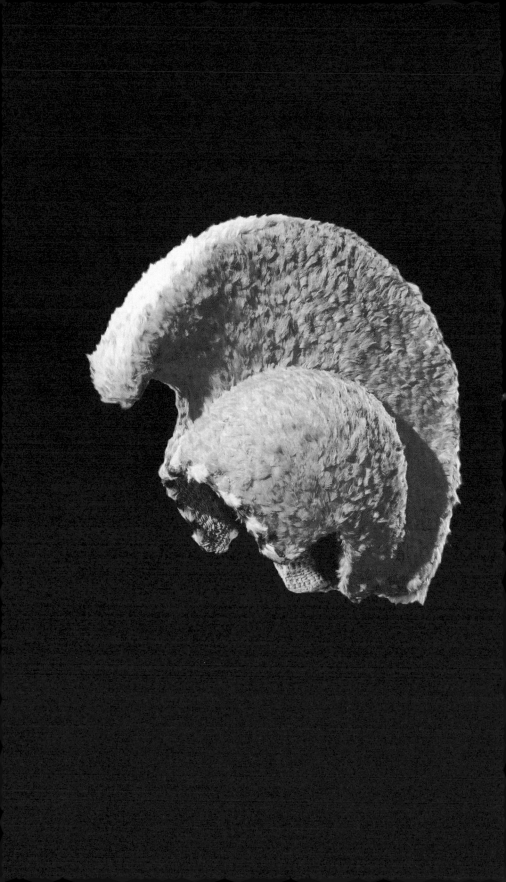

87

夏威夷羽毛头盔

羽毛头盔，来自美国夏威夷
公元一千七百年至公元一千八百年

一七七八年，探险家詹姆斯·库克船长乘坐"决心"号横渡太平洋，希望在加拿大北部探寻到一条连接太平洋和大西洋的西北航道。他没能发现这一航道，却重新绘制了太平洋地图。他一路标记海岸线与岛屿，收集动植物标本。一七七八年底，他与船员在夏威夷登陆，第二年年初重返此地。我们无从想象，当年的岛上居民如何看待这些欧洲水手，因为他们是五百多年来第一批到访夏威夷的岛外人。不管当地人如何理解库克的身份，他们的国王赠给了库克一大批贵重礼物，其中便有若干个首领头盔。这些稀有而珍贵的物品用红、黄两色羽毛制成。库克把这种举动理解成一位统治者对另一位统治者表示认可的方式，无疑是荣誉的象征。但数周之后，库克便被这些送头盔的人所杀。一定有哪个环节出了大错。

这便是当时夏威夷人送给库克船长及其船员的头盔之一，如今已成为欧洲人在与其他洲居民接触中产生致命误会的生动象征。我在本书的开头提过，在普遍的人性基础上，物品在不同人群之间通常会起到沟通的作用，而非隔阂。但有的物品却会让我对这一点产生动摇。我们是否真能了解一个截然不同的社会看待这个世界及其自身的方式？我们能否找出指代那些我们之前一无所知的概念的对应词汇？

十八世纪的欧洲探险家都致力于精确描绘海洋地图，尤其是未知的茫茫太平洋，库克船长便是其中贡献尤为突出的一位。在精美的埃及藏品来到大英博物馆之前（第1节），馆内最受欢迎的要数库克船长在南太平洋的航行中带回的物品，人们可借此一窥新奇而陌生的世界。当时最珍贵的藏品便是这个夏威夷羽毛头盔，它十分精美，覆于其上的黑色、黄色和红色的羽毛似乎只要轻轻一动就会掉落。它的设计和古希腊头盔一样紧贴头部，但在顶上却有高耸的冠一直延伸到脑后，如同莫西干人的发型。冠顶错落地点缀着红色与黄色的羽毛，头盔整体呈猩红色，前檐上有一道黑、黄两色的镶边，其颜色鲜艳明亮，能让头盔的佩戴者更显卓尔不群。红色的羽毛来自猩红蜜鸟，它是旋蜜鸟的一种。黄色的羽毛则来自蜜雀，这种鸟几乎通体为黑色，只有少数羽毛是黄色的。人们首先要抓住这些小型鸟类，拔下羽毛后放生或是杀死，之后再将羽毛不厌其烦地一片片粘到用枝条编成的细网状头模上。羽毛是夏威夷岛上最珍贵的原料。它们相当于墨西哥的绿松石、中国的玉石或欧洲的黄金。

这个头盔从各方面来看都是一位君主的所有物，它也许曾属于夏威夷大岛上的最高首领。大岛是夏威夷群岛中面积最大的岛屿，距美国本土约三千六百公里，岛上从公元八百年左右便有波利尼西亚人居住，在那个海洋扩张的时代，这一族群也同时在复活节岛和新西兰定居。在公元一千二百年至一千七百年间，他们似乎完全与世隔绝。库克是这五百年来第一个来访的外人。但他带给土著的惊讶也许多过土著带给他的。在与世隔绝期间，夏威夷人发展出了自己的社会结构、风俗习惯、农业和手工业技术，这些看似陌生而充满异域特色的事物，对欧洲人而言却并非无法理解。人类学家、波利尼西亚文化专家尼古拉·托马斯认为：

> 库克船长一行到达波利尼西亚群岛之时，为眼前的社会所震惊。它拥有自己的复杂精密的社会组织形态……尤其在夏威夷，卓越的王国将所有岛屿联系起来，并在各岛屿之间发展出了复杂的贸易网络。他们所见到的复杂而充满活力的社会有着自己独特的美学和文化形式，其方方面面都让欧洲人难忘……这样的文化现象究竟是如

何在远离各个古典文化中心的地区发展起来的？

它在很多方面都与十八世纪的欧洲有共通之处。大量的人口由贵族与神职人员组成的精英阶层统治着。在这一阶层下有许多专业人士：工匠和建筑工人、歌手和舞者、系谱专家和医生。再之下是占人口大部分的渔民和农夫。羽毛头盔的制作者可能是专业匠人。来自夏威夷茂伊岛的凯尔·拿卡纳鲁阿研究过这个头盔：

> 你可以计算一下，一只鸟上每次可以拔下四根用得上的羽毛，而一个头盔由大概一万根羽毛组成，你就能知道制作这个头盔要用多少只鸟了。在某一段时间之内，酋长让专门的扈从负责采集、储存和保养这些羽毛，然后再将它们制成类似的物品。仅收集、保存、加工便需要一支一百五十人至两百人的团队。集齐一件羽毛制品所需的羽毛甚至可能需要几代人的努力。

向神进贡以祈求五谷丰登、祛病消灾，或是在战前取悦神之时，首领要穿戴羽毛头盔与斗篷来和神取得联系。这套羽毛服饰类似中世纪骑士的头盔和铠甲——都是由首领穿戴的极为耀眼的服装，方便属下在战斗中紧紧跟随。最重要的是，它们能让人靠近神。鸟类本身即是在天堂与世间穿梭的灵魂使者和神意的具象，用鸟羽制成的服饰能给予穿着者神的庇佑与超人的力量。对此，尼古拉·托马斯还认为：

> 羽毛是极为神圣之物，不仅因为它们好看而吸引人，也因为它们与神性相关。在神话传说中，众天神以披着羽毛的血染的婴孩形象出生，羽毛也在一定程度上浸染上了神圣的力量以及与另一个世界的联系，尤其当它们是神圣的红色或黄色的时候。

这些概念对库克船长来说并不陌生。当然，英国国王并不是披着羽毛出生的，但他们依然是被神赋予权力的君主，在以鸟的形象表现圣灵的礼拜仪式中，也会穿上精美的长袍，行使祭司般的职责。库克似乎认为这个社会从本质上看与自己的社会并无二致，从而没能理解夏威夷人独有的神圣概念，更不知道这种概念为种种骇人的禁令所限定。"Taboo"（禁忌）一词便来自波利尼西亚语，兼有神圣和致命两种含义。

一七七九年，库克船长重返夏威夷，正值岛民在和平时期祭祀神祇龙诺的节日。他被当作至高无上的首领接待——人们向他致意，给他披上巨大的红斗篷，戴上头盔。也就是说，他是被当作具有神祇地位的首领而被顶礼膜拜的。他在岛上平安地待了一个月，其间修复船只，精确地测绘了当地的经纬度。之后，他继续向北航行。但一个月后，一场突如其来的风暴迫使他折返夏威夷。而这一次岛上的情况却截然不同。当地已进入了祭祀战神库的时节，船员们不再受到欢迎，他们和当地居民之间冲突不断，船队中的一艘小艇也被偷走。库克打算使用老对策，邀请土著酋长上船，将他作为人质扣押，迫使当地人将船归还。但当他和酋长在凯阿拉凯库亚海湾行走之时，酋长的手下发动了攻击，在接下来的混战中，库克被杀。

为什么会发生这样的事？真相是否真如一些学者的推测，夏威夷人一开始将库克当作天神崇拜，之后却发现他不过是个普通人？我们永远无从了解。库克的死成了人类学中诠释误解的经典案例。

但夏威夷群岛本身则因为他的到来而永远地改变了。欧洲和美洲的商人带来了致命的疾病，传教士则改变了岛上的本土文化。不过这一地区从未沦为欧洲的殖民地，一位当地首领利用库克船长首先发展起来的社会联系，建立了独立的夏威夷王国，直至在一个世纪之后的一八九八年被美国吞并。

在本节的开头我所提出的疑虑，即人到底能在何种程度上理解一个迥异的社会，这正是十八世纪的旅行家们所面临的一大难题。曾在"决心"号上与库克船长共事的外科医生戴维·山姆威尔就与外部世界交流的问题展开了深入的思考。他用令人称道的谦逊态度记录了自己的观察：

我们无法信赖自己对这些我们本就知之甚少的符号和词汇的解释，对于它们的意思，我们充其量只能给出猜想。

这是对跨文化交流存在限制的一个有益提醒。如今我们已经无从了解，在十八世纪七十年代，羽毛头盔这种物品对夏威夷人来说究竟意味着什么。正如尼古拉·托马斯所言，我们唯一能够确定的是，它们对二十一世纪的夏威夷人而言具有了全新的意义：

> 它是海洋传统艺术的代表，也是某段惨痛历史起点的特殊交流时期的表现物。而这段历史至今仍在缓慢地发展着。夏威夷人依旧在坚称自己的主权，努力在世界上打造一片独特的空间。

而对于来自瓦胡岛的卡赫鲁库拉这样的夏威夷人来说，这件羽毛制品在如今的某一特定政治争端中也起着自己的作用：

> 对我们夏威夷人来说，它象征着曾失落的过去，也象征着能重塑的今天。它象征着我们的酋长，也象征着失去的国度和领导权。这是夏威夷人的失落。但它也激励着我们走向未来，重建国家，从美国的控制中寻求独立。

88

北美鹿皮地图

绘制在兽皮上的地图，来自美国中西部
公元一七七四年至公元一七七五年

十八世纪中期，一位睿智的中国人来到伦敦，对当时英国和位于海
峡对岸的邻居法国之间滑稽、激烈而又血腥的敌对状态做出了如下评论：

> 英法两国似乎都认为自己是欧洲强国中的领头羊。虽然二者只
> 间隔一道狭窄的海域，两个民族的性格却截然不同，而且他们都从
> 近邻处学会了惧怕和敬仰对方。如今他们正身处一场极为惨烈的战
> 争之中，死伤惨重，双方都怒不可遏，其原因却只是一方想比对方
> 多穿一点皮草。
>
> 而开战的托词则是一片千里之外的土地。那里极为寒冷与荒凉，
> 令人生畏，并且从远古时代起就为一个民族所固有。

这位中国游客其实是虚构的人物，乃作家奥利弗·戈德史密斯在
一七六二年出版的《世界公民》一书中所创造的近代格列佛般的角色，
旨在告诉英国人他们的行为在世界其他地区的人看来有多么荒唐可笑。
这里提到的战争是英法之间的七年战争，它是一场争夺亚非美三洲领土
及贸易权的持久战。而"令人生畏"的土地则是指加拿大。戈德史密斯
的观点很明确，英法两国是在掠夺这些国家的合法居民的土地。他们以
探险为名来到此地，而后开始剥削。

战争从加拿大一路南移，这张绘制在鹿皮上的地图便呈现出英国新占领的部分土地。他们让法国的防线不断后撤，从五大湖区直至密西西比，最南端到达圣路易斯。这张地图由一位美洲原住民于一七七四年绘制，他们正是戈德史密斯所提到的这片土地从"远古时代"起的固有主人。这件文物能让我们了解从一七六三年英国将法国彻底赶出北美到一七七六年美国独立战争爆发的十三年间的情况。

七年战争使英国政府控制了原有殖民地以西、从五大湖直至密西西比的广大地区，其中便包括这张地图所绘制的区域。法国人离开了，英国政府官员却不得不开始与同胞作斗争。英国殖民者向西部开拓的热切需求威胁着之前与原住民领袖们达成的协议，此外，他们又与当地部落签订非法的土地合约，为未来埋下了隐患。这张地图便是为其中的某一桩土地交易而绘制的。它向我们展示了不同世界相互遭遇的过程，以及迥异的设想世界的方式之间的碰撞。他们所商议的土地界限也代表了两种拥有不同理念、精神和社会生活的文化之间的界限。对欧洲人来说，测绘地图是实现控制的一项核心技术——一则是在世界范围内寻求知识的技术控制，二则是军事控制。但对美洲原住民来说，地图测绘代表的完全是另一种东西。

这张地图长约一百厘米，宽约一百二十六厘米，形状则完全是整张鹿皮的原样。这头鹿本身也具有极强的存在感，因为我们能看出它是如何被猎杀的：鹿皮上有两个洞，一颗滑膛枪的子弹曾从鹿的右肩部位进入，穿透左后侧腹，无疑击中了心脏。它必是被一名熟谙狩猎之道的一流射手所猎杀。鹿皮上地图的线条如今只留下一点依稀的痕迹，但与现代地图进行比较时，我们仍能看出它所记录的是俄亥俄河与密西西比河交汇处形成的 V 形区域间超过四万平方英里的土地。它位于密歇根湖正下方，即未来的伊利诺伊州、印第安纳州和密苏里州的所在地。

这是一七六三年后英国的开拓公司意欲开发的区域，而这张地图正是此间入侵的开拓者和美洲原住民之间众多对话的记录之一。靠近地图中央处写有"皮安基肖出售"的字样。

皮安基肖是一个原住民部落，他们居住在包括今日印第安纳州和俄亥俄州在内的区域。这张地图应该是为瓦伯许土地公司制作的，此公司的成立就是为了在一七七四年和一七七五年从皮安基肖人手中收购瓦伯许河沿岸的土地。地图专家、北美原住民文化专家G.马尔科姆·刘易斯说：

> 这张地图必然涉及一家位于费城的公司购买瓦伯许河流域土地的尝试。这片土地位于今天的印第安纳州与俄亥俄州之间。因此，绘制这张地图是为了标示出想购买的土地的边界。事实上，由于独立战争爆发在即，这场收购计划中途夭折了。因此更能肯定它制作于一七七四年至一七七五年间，被用于购买瓦伯许流域的土地。从风格而言它明显是印第安式的，呈现了一切印第安地图的特征，比如标示河流时几乎从不描绘出曲折，而总是用直线……基本可以确定它曾用于和皮安基肖人就土地购买而进行的谈判中。

"皮安基肖出售"的字样说明地图所记录的这次土地交易已经完成，但它其实从未获得英国殖民政府的批准。它是非法的，违反了官方规定。无论如何，我们无法了解皮安基肖人对本次交易所持的态度。瓦伯许公司雇用了翻译，但在翻译过程中遗漏了许多信息。

> 他们宣誓全力做好翻译……为皮安基肖这个原始民族不同部落的酋长们服务，为他们沟通上述指定并记录下来的土地的购买事宜。上述证明人作为合格的翻译已尽其灵魂与良知的所能，将意思忠实而明确地传达给这些酋长……对此他们亲手画押为证。

虽然这份报告中说所有的意思都被"忠实而明确地传达"了给了酋长们，但皮安基肖人对欧洲式的土地购买毫无概念。开拓者们谋求土地的方式是美洲原住民一无所知的，在他们眼中，土地是人精神与肉体的诞生地——没有任何土地是能被转让或出售的。

Illinois

Sangamon

Missispi'i

Kaskaskia

Upper Wabash

[*Salamonie*]

[*Great Miami*]

Tippecanoe

Vermilion

Wea

[*Mississinewa*]

Piankishwa
sold

[*Sugar*]

Ambaras

Piankishwa

Ohio

Wabash

[*White*]

[Fort Kaskaskia]

[Fort Vincennes]

[*Skillet Fork Creek*]

[*Saline*]

[*Bonpas Cr*]

[Patokas]

Kaskaskia

[*Little Wabash*]

红字：鹿皮地图上河流的名称
方括号里的红字：地图上未命
名的河流
黑字：地图上另外的文字
方括号里的黑字：地图上标注
但未写明名称的定居地
⋯⋯：可能是商定边界的标记

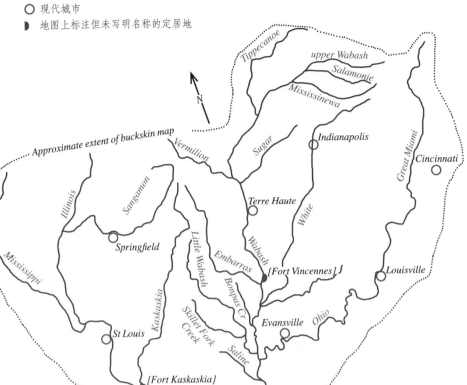

红字：鹿皮地图上河流的名称

⭕ 现代城市

◗ 地图上标注但未写明名称的定居地

Tippecanoe

upper Wabash

Salamonie

Mississinewa

N

Sugar

⭕ *Indianapolis*

Great Miami

⭕ *Cincinnati*

Approximate extent of buckskin map

Vermilion

Illinois

Sangamon

Terre Haute ⭕

White

Wabash

Mississippi

⭕ *Springfield*

Little Wabash

Embarras

[Fort Vincennes] ◗

⭕ *Louisville*

Kaskaskia

Bonpas Cr

Ohio

Skillet Fork Creek

St Louis ⭕

Evansville ⭕

Saline

[Fort Kaskaskia] ◗

Mississippi

Ohio

0 ____ 50 miles

左页是鹿皮地图的副本以及对地图上标识的说明。主要标识了地名和有名称的河流，同时也标注了卡斯卡斯基亚到温森斯两个定居点之间修建的道路，以及两条用虚线标识的边界。还标识出了一些当地人的定居地，但没有写上它们的名称。此外标明了皮安基肖人、威人以及卡斯卡斯基亚人的势力范围。上图是与鹿皮上的这一地区相对应的现代地形图。

地图上表现得最多的是河流。中央是沿着鹿脊奔流而下的瓦伯许河，它也是瓦伯许土地公司名称的由来。除密西西比河外，其他河流都以某种角度呈直线汇入瓦伯许河，如同鹿的椎骨。密西西比河则在地图左侧一路向下，在底部略微右拐。这张地图所绘制的是人们聚居生活的河流，而非漫游狩猎之地，它表现的是社群，而非纯粹的地理面貌，关涉到的是人的使用习惯，而非所有权类型。因此，它实则与伦敦地铁地图类似，并没有表现出地表精确的物理距离，而是标示出了从一地到另一地所需的时间。美洲原住民和其他地区的人一样，只会标出对自己有重要意义的内容。很明显，地图虽然绘出了所有的河流，但它所表现的只是不同的印第安部落的居住地，基本没有涉及任何欧洲人的居住地，例如，完全没有标注当时已经成为著名的贸易与交流中心的圣路易斯。而绘制同一区域的欧洲地图正好相反，只标出了欧洲人的居住地，而略去了印第安人的，另外还对尚未开发的土地进行了测绘。这是对同一自然经验的不同解读，几乎可算是对启蒙运动核心问题的最佳阐释：不同民族间的相互了解是极为困难的。

　　如果说印第安人无法了解欧洲人排他性的土地所有权概念，欧洲人也无从知晓印第安人对其土地深厚的精神维系——失去土地从某种角度而言意味着失去天堂。美国得克萨斯大学美洲史教授戴维·埃德蒙兹解释道：

　　　　我认为美洲原住民与土地之间有着至关重要的维系。你必须了解，土地对部落族人来说不是商品。它永远都不会是商品，它是你生活、分享和利用的空间，却不是你能占有的东西。人不能占有土地，一如他不能占有充盈其间的空气，不能占有落在其上的雨水，不能占有生活在其中的动物。对部落族人来说，土地和空间如此重要，场所在他们的历史中扮演着比时间更为关键的角色。人们与某片特别的区域相连，这片区域便是他们世界的核心……因此，土地与大多数人的灵魂息息相关，不是能被随意买卖的东西。十九世纪初期他们为了生存被迫进行土地交易、出让土地，这其实是一段痛苦至极的经历。另有一点也需要了解，即部落族人的大部分宗教观是基于某一特定场所而树立的。也就是说，他们的宇宙观，他们身处的宇宙所蕴含的力量，也维系于他们居住的这片土地。

拓荒的殖民者为这桩土地买卖所作的努力是徒劳的，因为英国殖民政府从中做了阻挠。数年之后，这些外来定居者对土地的渴望和英国王室想与美洲原住民首领保持良好关系之间的矛盾演变成独立战争的一大导火索。但是独立并没能一劳永逸。美国政府面临着和前任英国政府同样的困难。他们也不得不费力阻止瓦伯许公司和皮安基肖人之间的一些违反现有规定的土地买卖。这张地图和围绕着它所上演的流产的交易成了三方——从远古时代起便拥有这片土地的原住民，想占有它们的拓荒殖民者，以及已考虑到戈德史密斯的谴责、想居中调停却无力执行两全之策的伦敦当局——不同世界观的明证。

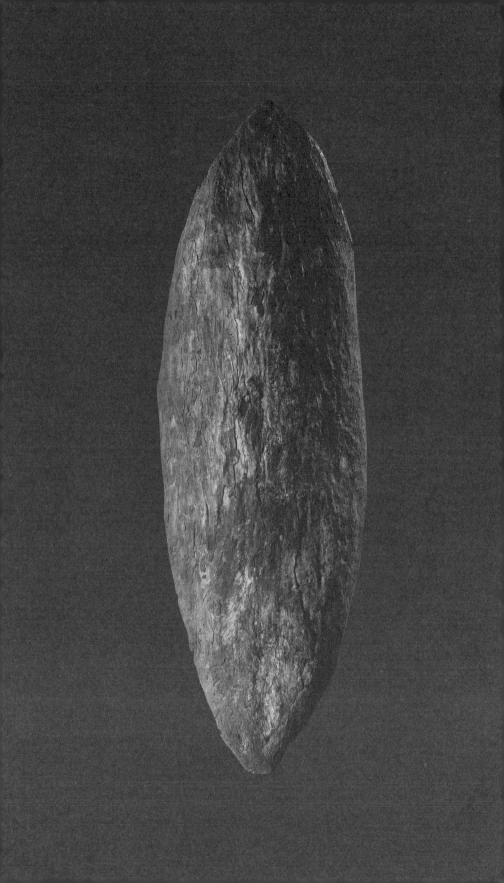

89

澳大利亚树皮盾牌

木制盾牌，来自澳大利亚新南威尔士，植物学湾
公元一七七〇年前后

这是本书最具说服力的物品之一，它已被视为一种承载着历史、传奇、全球政治和种族关系等各个层面的标志。这面土著盾牌是最早从澳大利亚带到英国的物品之一，是在第八十七节所记述的悲剧冲突发生前八年，由詹姆斯·库克带来的。我们还知晓它到库克手中的确切日期——一七七〇年四月二十九日，因为我们有库克与随行人员亲笔写下的日记。但是盾牌的原主人、澳大利亚的那位土著没有留下任何文字记录，这也正是这些能讲述历史的文物的重要性所在：在大约二百五十年前，这位无名人士在植物学湾的海岸边遭遇了他平生所见的第一个欧洲人，这面盾牌便是他的记述。

库克的航海日志记录了他到达位于澳大利亚东海岸今悉尼以南地区的情景："二十九日，星期日下午，南风，天气晴朗，我们乘风驶入海湾，泊于南岸。"随库克船长一同旅行的植物学家约瑟夫·班克斯曾在此地采集标本，船只所停泊的海岸因此被命名为植物学湾。航海日志随后记录道：

> 我们刚一抵达，就看到沿着海湾两侧有一些当地人和几间小窝棚……在我们靠岸时，大部分人逃走了，只剩下两个似乎下定决心要阻止我们登陆的男人。我一看见他们便下令停桨，试图和他们交谈，但收效甚微，因为无论是我们还是图皮亚都听不懂他们说的任

何一个字……我以为他们示意我们靠岸，不料会错了意，因为船一靠近，他们又开始阻止我们。我朝他们俩中间开了一枪，没有任何效果，反而使得他们退到摆放大堆飞镖的地方，其中一人还捡起石头扔向我们。我又装上少量弹药开了一枪。即便打中了其中一人也并没什么效果，他只是举起了一块小盾牌自卫。

约瑟夫·班克斯的日记有后续情节：

> ……一个试图阻止我们登陆的男人拿着块盾牌来到海滩上……盾牌用树皮制成，他逃跑时扔下了它。我们捡起它来，发现在近中心的位置有一个被长矛刺穿的洞。

这里描述的必然是本节中的这面盾牌，其上正有班克斯记录过的位于中央的洞，以及探险队插画家所绘录的白色痕迹。它制作粗糙，呈深棕红色，约一米高，三十厘米宽，要想挡住身体恐怕窄了些，还带着些许弧度。你能隐隐还原提供了它的那根树干的模样。它的原材料红树林木是澳大利亚土著制作盾牌的专用木材之一，因为这种树足够坚韧，能抵挡矛的攻击，让木棒和回旋飞镖转向，而且防虫耐腐，即使浸泡在海水中也不会腐烂。它的背后有一个用绿色的红树林木制成的有弹性的把手，经干燥处理后形状稳固，十分适合抓握。盾牌的制作者显然选材非常得当。

这面盾牌的主人生活在逾六万年前就已被其祖先占据的土地上。对这一地区居民的生活，悉尼澳大利亚博物馆土著文化遗产办公室官员菲尔·戈登有如下描述：

> 关于澳大利亚土著的一大难解之谜，便是他们过着一种自给自足的生活，此外我找不出更贴切的词来形容。在悉尼和周边地区，以及澳大利亚海岸的大部分地区，人们的日子都过得相当不错，港

口的鱼量十分丰富……悉尼港早先一定是个宜居地区，气候宜人，经济环境良好，因此居民有条件开展精神和文化生活。

库克和班克斯随后都描述了当地人的生活有多么幸福满足，虽然我们知道，不同的部落之间难免会有冲突。除了盾以外，当地人还有长矛。这面盾牌正中的洞就是被一根木矛或长枪戳穿的，极有可能是某次战斗的后果。这个洞连同盾牌上的其他刮擦痕迹都说明，它在抵挡库克的滑膛枪子弹之前早已身经百战。它也用于标志个人身份或对族群的忠诚：盾牌上的白色痕迹是白色高岭土，盾牌中央原先很可能画有白色标记。对此，菲尔·戈登认为：

> 当然，澳大利亚各土著部落之间存在着战争、血仇、对立等情况。盾牌是一种文化象征，因此不同地区的盾牌形状应该不尽相同，设计也该有所区别，以显示出你在本部落中的地位以及在周边部落中的威望。从新南威尔士海岸到澳大利亚西部的金伯利海岸地区，盾牌的样式一定是有差别的。

库克自然完全不了解当地风俗——事实上，在当时的欧洲，没有人能了解——因而双方第一次相遇时产生误会的可能性极大。现在回溯此事，没有一方想置对方死地或者重伤。当地人投掷了石块和长矛，却没有击中任何一个人。而对于以狩猎和采集为生的他们而言，投掷的准确度能直接决定生存与否，因此他们很可能只是在警告对方——让这群白皮肤的陌生人离开，别打扰他们。库克站在他的立场上认为这些矛头可能有毒，因此判定向土著的腿部开枪合情合理。当土著逃跑之后，库克和船员登上陆地，走进了附近的树林：

> 我们发现了用树皮搭建的几间小窝棚，其中一间里有四五个孩子，我们留下了些串珠之类的东西给他们……

库克在太平洋群岛发现，贸易和交换是建立和平关系的捷径，也是了解当地社会运作方式的途径。但这一次，当地人对他提供的物品不感兴趣，第二天他们重返此地时发现：

> 我们昨晚留给孩子的串珠等物，到了早上还留在窝棚里，也许土著不敢拿走它们。

也许他们更多的是不感兴趣，而不是害怕。更确切地说，也许是不愿与他们往来，因为怕会陷入一种不情愿的义务之中。这并不意味着当地人从不进行贸易，他们会与相隔很远的地区进行买卖与交换，盾牌本身就是一个证明。制作这块盾牌的红木来自悉尼以北两百英里的地区，因此在植物学湾一带所使用的木材一定是通过与外地的土著贸易得来的。

没有直接碰面，没有交换礼物，库克就此放弃。在收集了一周植物标本之后，船队继续起航北上。到达澳大利亚北端之后，库克正式宣布整个东海岸属英国所有：

> 此刻我再次升起英国国旗，以乔治三世陛下之名宣布享有整个东海岸的所有权，并将其命名为新南威尔士……之后我们一齐鸣枪三次，船上也做了同样的回应。

这一做法并不是库克在有原住民的土地上一贯会采取的。他通常会承认当地人对生存其上的土地的所有权，如他在夏威夷的做法。也许他未能了解澳大利亚土著与这片土地的维系有多密切。我们不知道这次将土地据为己有的历史性的第一步背后有怎样的事实。探险队归国后不久，班克斯等人便建议英国政府将植物学湾作为囚犯流放地，由此开启了漫长而惨烈的、使得多个土著民族走向灭绝的历史。

历史学家玛利亚·纽金特回顾了自库克船长首次抵达此地以后，社会对其评价的变化：

> 说到澳大利亚历史，库克在其中主要被视为当地殖民活动的先驱……因此，他被奉为澳大利亚的开拓者。这种看法无视了一项事实，即早有其他欧洲国家"发现"过澳大利亚，并绘制了局部的地图。但他的英国人身份占尽优势，因为最终澳大利亚成了英国的殖民地。他的这一地位因此保持了很长时间，直到二十世纪六七十年代澳大利亚原住民发起抗议，反对将库克视为开拓者。他们认为他是殖民化的象征，带来了死亡与毁灭……我认为如今我们正进入新的历史篇章，库克的声望也发生了相应改变。他被视为帮助我们了解澳大利亚历史、了解土著居民与外来者的接触的人物。有人将这部历史看作一部关于接触的历史。但我认为，库克在澳大利亚，尤其在其原住民中间，仍是个极具争议性的人物。

这块树皮盾牌站在一段延续了数个世纪，充斥着误解、剥削与种族灭绝的历史的前端。如今澳大利亚所面临的一大问题是，如何以及是否能够真正对原住民进行补偿。在这一过程中，欧洲与澳大利亚博物馆所收藏的类似这面树皮盾牌的文物发挥的作用虽然微小，却不容忽视。在与原住民社群合作展开的研究项目中，研究人员仔细查看现存的手工制品，采集神话和传说、技能与实践，在一段已然大量遗失的历史中努力抢救着尚有可能被恢复的部分。这面出现在相遇之初的树皮盾牌，有可能在如今，在一段二百五十年前未能实现的对话中发挥它应有的作用。

90

玉璧

环形玉器，来自中国北京
制于公元前一千二百年，题刻于公元一七九〇年

前面四节中的物品主题一致，都是关于欧洲启蒙运动发现、考察与了解新世界的尝试。本节中的这件物品来自中国，这个国度当时也在清政府的统治下展开了自己的启蒙运动。清朝在中国的统治从一六四四年明朝覆亡之日一直持续到二十世纪初期。其统治者之一乾隆皇帝与乔治三世大致处于同一时期，他对探索中国以外的世界有着浓厚兴致。例如在一七五六年，他决定为他在亚洲所吞并的疆土绘制一幅地图，便派出了一队拥有多元文化背景的使节，其中包括两名掌握地图绘制技术的耶稣会修士，一名汉族天文学家和两名藏族喇嘛。这些人收集到了极为有用的地理数据，这些知识伴随着乾隆皇帝的威名传遍了世界。

本节中的文物是一件名为"璧"的环形玉器，它是这位皇帝求知欲的另一个表现，是他了解古中国过程中的产物。这块玉璧为质地精美的素面圆盘，中央有孔，常在中国古墓中被发现。乾隆下决心研究这块璧时，它已有三千多年的历史了。他拿到这块古朴的玉璧，在上面满满地刻上了自己的诗句，由此将这一古代玉器变成了十八世纪中国启蒙运动的物品。

对于启蒙运动中的欧洲而言，中国这一拥有博学皇帝、治理有方的国度是典范。作家与哲学家伏尔泰曾在一七六四年写道："就算是不为中国人的种种优秀品质而痴迷的人也能认识到……他们的帝国是有史以来

最杰出的。"世界各地的统治者都希望自己的宫廷中多少有一些来自中国的元素。在柏林,腓特烈大帝在无忧宫中修建了一座中式亭子。在英格兰,乔治三世于皇家植物园中修建了一座十层的中国宝塔。

乾隆皇帝在一七三六年至一七九五年间统治中国,在位时间长达五十九年。其间中国人口翻番,经济繁荣,版图面积达到了五百年来之最,约为四百五十万平方英里,大致与今日中国的国土面积相当。乾隆皇帝是一位作风强硬的皇帝,很喜欢拿开拓疆土方面的成就与各朝各代的皇帝进行比较,同时声称大清得到了上天的庇佑,也就是说,他本人是天命所归:

> 堂堂大清,兵力全盛……岂汉唐宋明诸代,疲中国之财力,而不能得地尺寸者可比……城无不下,众无不降。此实仰荷上苍福佑。

乾隆皇帝也是一位精明的知识分子,熟谙宣传手段,文化素养极高。他是著名的书法家和诗人,热衷于收集画作、瓷器与古董。当今故宫博物院数量惊人的藏品,不少便是他当年搜集的珍贵文物。

我们不难明白这块玉璧为何会引起乾隆皇帝的兴趣。它古怪但有趣,是块浅黄色的薄圆玉盘,规格相当于小号餐盘,中央有孔,孔沿有一圈凸起。通过与古墓发掘出的类似物品相比较,我们得知这块玉璧制作于公元前一千二百年左右。我们不清楚它的用途,但能一眼看出,它的做工相当精美。

乾隆皇帝审视这块玉璧的时候也为它的美丽所打动,因而以自己的研究为依据作了一首诗。在他的诗集中,这首诗被题为"古玉碗托子配以定瓷碗适然成咏":

> 谓碗古所无,托子何从来。谓托后世器,古玉非今材。又谓碗即盂,大小异等侪。

正在做研究的乾隆帝

现代学者虽然知道玉璧通常出自古墓，但并不确定它的真正用途或意义。但乾隆皇帝似乎并不为这一点所困扰。他认为玉璧形似碗托，这类物品在中国已有悠久历史。他提到一些鲜为人知的古碗知识，炫耀了一番历史学识，进而决定要给它搭配一只碗，就算找不到相配的古碗：

嗯托子古玉，玉碗别久垂。不可无碗置，定窑选一枚。

在为玉璧选择了一件与其年代相隔久远的物品搭配之后，至少在乾隆自己眼里，他终于确保了这块玉璧的美学价值的实现。这是十八世纪的乾隆皇帝处理历史的典型做法：欣赏一种美丽，查阅历史典籍，将结论写成诗句，从而创造出另一件艺术品。

这块玉璧本身也的确成了一件新的艺术品。皇帝的思考结果被漂亮的书法雕刻了玉璧之上，在他看来，物品与解读的结合赏心悦目。这些汉字如车轮的辐条一样从中央的圆孔一侧呈放射状排列，内容正是上面所引的诗句。很多人都会认为这是对文物的破坏，是一种亵渎，但乾隆皇帝不以为然。在他看来，书法为玉璧之美锦上添花，而且类似的雕刻对他来说另有政治含义。中国史学家乔纳森·斯宾塞认为：

> 大家普遍认为中国历史具有一种连贯性，因此新建立的清朝也想被纳入其中：被纳入历史的记录，继承过去的荣光，并在其基础上更添辉煌——它也的确成功了。毫无疑问，乾隆帝是位伟大的收藏家。十八世纪时，随着中国的不断扩张，他的收藏也在增多。我认为他的藏品带有民族主义的色彩，他想借此表现一点：北京是亚洲文化的中心……在法国的启蒙运动中，伏尔泰等思想家认为，十七世纪至十八世纪的中国人确实有很多值得欧洲人借鉴的地方，比如关于人生的思考、品行、学识、涵养、高雅艺术以及生活艺术……

还有政治。清朝统治者面临国内深重的政治忧患。他们并非汉族，而是来自中国东北边境的满族。他们在中国是少数民族，人口仅为汉族的 4‰。他们为人所知的是一些并不那么中国化的特色，如大量食用牛奶与乳制品。如此，中国文化能在他们手里得以保留吗？在这样的背景下，乾隆皇帝对中国古文化的欣赏便成了一种巧妙的政治同化手段，但这只是他的策略之一。他在文化上的丰功伟绩是组织编纂了《四库全书》，它是人类史上最恢宏广博的文集，涵盖了中国从先秦到十八世纪所有的典籍，就算在数字化之后，也需要一百六十七张 CD 才能完整收录。

中国现代诗人杨炼认为乾隆皇帝刻在玉璧上的文字带有政治宣传意图，并对他的诗句持颇为负面的评价：

北京故宫博物院收藏的碗，乾隆帝认为与玉璧相配的那一只

注视这块玉璧时，我真是百感交集。一方面，我很欣赏它的美，很喜欢这种与中国古典文化传统相联系的感觉。这种独特现象源远流长，历经劫难后仍未断绝。……从这个角度来看，玉器永远代表着中国伟大的历史。但从较为阴暗的角度来看，美好之物通常会落在品位低下的统治者和当权派手里，他们并不在意自己糟糕的文字会毁掉这些古珍宝。因此，他们将帝王的诗句刻在这件美丽的物品上，并以此进行政治宣传。我很熟悉这种做法！

乾隆皇帝和与他同时代的腓特烈大帝一样，并不是一名优秀的诗人。他的诗句半文半白，艺术性不佳。但这并没有让他却步。他一生留下了近四万首诗，很多是精心策划、用以保证自己历史地位的宣传工具。

乾隆成就斐然。对他的评价虽然在新中国成立初期曾一落千丈，但如今又被正名了。最近又有了一项可靠的发现。我们在上文中提过，乾隆曾写下"不可无碗置，定窑选一枚"的诗句，而北京故宫博物院的学者于近日发现了一只碗，上面镌刻的诗句与玉璧上的一样。毫无疑问，它正是乾隆为玉璧挑的碗。

在把玩这块玉璧，并对它进行思索时，乾隆皇帝所做的正是"通过文物看历史"的关键。借物品探索遥远的过去所需要的不只是知识，还有想象力，此外，一些诗意的重建也不可或缺。本节中的故事便是很好的例子。乾隆知道这块璧是古老而珍贵的文物，想展现出它最美的一面。他坚信这是一个碗托，为之寻找了一个绝佳配物，并以其高度自信，对这一选择确信无疑。他关于玉璧是碗托的臆断未必可信，但我仍然佩服并赞赏他的处理方法。

第十九部分

批量生产，大众宣传

公元一七八〇年至公元一九一四年

　　在法国大革命和第一次世界大战期间，欧洲各国与美国纷纷从农业社会转型为工业社会，同时扩张各自在世界范围内的版图，为帝国发展提供了原材料，为蓬勃发展的工业提供了急需的市场，最终使整个亚洲和非洲都被强制纳入新的经济及政治秩序之中。技术革新促成大规模生产，国际贸易量也随之增加，茶叶等曾被视为奢侈品的商品成为大众负担得起的日常消费。许多国家出现了旨在呼吁政治与社会改革的民众运动，包括争取投票权上的性别平等。只有一个非西方国家——日本，尽管是身不由己，仍然成功地迎接了现代化，自主打造出一个强权帝国。

91

小猎犬号上的精密计时器

黄铜精密计时器，来自英格兰
公元一八〇〇年至公元一八五〇年

在伦敦东南穿过泰晤士河的格林尼治子午线，为何会成为全世界衡量本地时间、界定自身位置的标准？这个故事要从那可以帮助水手确定经度的航海钟在伦敦被发明讲起。本节的物品便是这些钟中的一个，这种制作于一八〇〇年前后的精密航海计时器，在波涛翻滚的大海上依然能准确计时。

界于法国大革命与第一次世界大战之间的十九世纪，有时被称为"漫长"的世纪，在这个百年中，西欧诸国与北美逐渐从农业社会步入了工业强国的行列。工业革命一举带来众多改变，新技术为奢侈品的量化生产提供了条件。各帝国对内政治重组，对外仍不断扩张，以确保原料供应，并开拓新市场。科技进步也促成了思想的革命，毫不夸张地说，十九世纪，人们对时间的概念发生了根本性的改变。而我们对自己的理解、对人类在历史上的定位也随之改变。

十七世纪至十八世纪，钟表制造是欧洲的一项至关重要的技术，而伦敦则处于行业的最前沿。作为海上强国，英国尤为关注一个问题：所制钟表在静止不动时计时精确，但在晃动中则会产生偏差，尤其是在颠簸的船上，因此出海后便无法精确计算时间。但航海中如果无法计时，就不知道自己向东或是向西航行了多远。计算纬度相对容易一些，可以通过计算正午时太阳距地平线的高度得知。但你无法借助太阳计算出经度，即你在东西方向上的位置。

十八世纪中期，这一海上精确计时的难题终于被约翰·哈里森攻克了。他发明了一台精密航海计时器，这一装置不受温度、湿度变化的影响和船只持续起伏的干扰，始终都能准确计时。因此，有史以来第一次，船只无论走到何处，都能计算所处的经度。船在起航之前，通常会以港口时间为准调整计时器的时间，对英国人来说通常就是格林尼治时间。出海之后，通过太阳位置确定船上的正午时，将之与格林尼治时间比对，通过二者之差便可计算出所在的经度。一天分为二十四小时，因地球不停自转，太阳每小时都会在天空"移动"占整个圆周二十四分之一的距离，也就是十五度。如果你所在地区的时间比格林尼治晚三个小时，你的位置便是向西四十五度，即在大西洋中央；如果早三个小时，你便在向东四十五度的位置——若与格林尼治处于同一纬度，你应该在莫斯科西南某处。

哈里森的计时器应用了尖端技术，而且高度精密，因此产量很小，价格昂贵，唯有海军部负担得起。直到一八〇〇年，两位伦敦钟表匠成功地简化了计时器的构造，最终让每艘船都能配备这一航海装备，其中当然也包括皇家海军的大型船舰。本节中的物品便是一个价格较为低廉的精密计时器，由托马斯·恩肖制作于一八〇〇年。此计时器为黄铜材质，约有大号怀表大小，有一个显示罗马数字的普通表盘，表盘下部附一个显示秒针的小表盘。这只表挂在一个固定于木盒中的旋转黄铜环上，这一设计是确保计时器在颠簸的海面上保持精准的关键所在。地理学家奈杰尔·思里夫特教授解释了当时的背景：

在漫长的钟表制作史中，精密计时器的出现是一个顶峰。不容忽视的是，英国在一二八三年左右就已出现了钟表。人人都称颂哈里森，说他是位了不起的天才。他的确当之无愧，但我们需要知道，这项发明的问世是成百上千个钟表匠以及普通技术工人共同创新和实践的结果。所有这些创新和实践都被这件非凡的机械逐渐吸收了。

这种计时器的准确性的确惊人。举个例子，库克船长在第二次太平洋探险之旅中使用了第一批计时器中的一个，一七七五年，当他结束了环球旅行在普利茅斯登陆，所计算的经度误差不超过八英里。

这件计时器曾被带上多艘船只，它与其他计时器一样，也以格林尼治时间为准。但让它声名远播的是在一八三一年随小猎犬号的航行。同行的有查尔斯·达尔文，他开始了前往南美洲和加拉帕戈斯群岛等地区的伟大旅行，最终提出了进化论，并完成了革命性巨著《物种起源》。

小猎犬号有项任务是绘制南美洲海岸线，因此需要对经纬度进行精确测量。计时器使得人类首次准确无误地绘制出海洋地图，从而保证了安全快捷的航线的建立。这是启蒙运动中绘制世界版图方面的一大进步，进而为控制世界提供了可能。考虑到可能出现的误差或故障，小猎犬号一共携带了二十二件计时器，包括本节这件在内的十八件由海军部提供，另四件由船长罗伯特·菲茨罗伊提供，因为他觉得十八件计时器还不足以保证如此漫长而又重要的工作。在海上航行五年之后，还有十一件计时器能够正常使用，它们与格林尼治时间平均只有三十三秒的误差。于是第一次，世界上出现了详细的环球计时。

到十九世纪中期，格林尼治时间被正式确立为所有英国船只计量时间及经度的标准。在此基础上，英国船只绘制出了全球海图。也正因此，格林尼治子午线与标准时间逐渐为国际组织所采用。一八八四年，华盛顿国际经度会议正式认可了这一做法。饶有趣味的是，法国人一度坚持以巴黎子午线为标准，但在几十年后也加入了以格林尼治子午线为准的行列。如今世界各国都根据格林尼治标准时间来确定时区。这是人类有史以来头一次依照同一张时间表行动。"全球时间"这一在百年前不可想象的概念，已然成为现实。

然而小猎犬号上的这件计时器还见证了另一桩改变十九世纪人类对时间认知的事件。达尔文乘坐小猎犬号的航行，以及他之后就人类进化所做的研究，将人类的起源，实则是生命的起源，推向了超乎人类想象的远古时代。当时地理学家已经推翻了厄舍尔大主教的推算（第2节），证明地球比我们一贯认知的要古老得多。"深层时间"这一新概念将时间回溯了数千万年，摧毁了已有的历史和宗教的思维框架。时间系数的改变使十九世纪的人们不得不从头开始思索人类存在的本质和意义。遗传学家、达尔文研究及进化论专家斯蒂芬·琼斯教授认为发现深层时间的重大意义在于：

> 我认为深层时间让人了解到，地球不是一成不变的。启蒙运动以来，最大的转变就体现在人们对时间的态度上。我们认识到，时间实际上是无穷无尽的，无论是已过去的还是未曾来到的。我们应该记住，在深层时间的语境里，珠穆朗玛峰在不久之前还位于海底，因为一些最为完好的鲸化石便是在喜马拉雅山上发现的。

对十九世纪的人来说，这些简直耸人听闻的观念足以动摇信念，但与此同时，时间开始以一天一天，或是一小时一小时的节奏流逝了。感谢恩肖这样的钟表匠，精确可靠的钟表变得经济实惠。很快，英国全境就开始被时钟所开动，逐渐脱离了按照昼夜和季节的自然循环来计时的生活。时钟支配着生活的方方面面——商店和学校，工作和娱乐。正如查尔斯·狄更斯所言，"连火车都按照时钟来运行，仿佛太阳已宣告败退"。奈杰尔·思里夫特解释道：

> 精密计时器是精准无比的时钟，意味着一种更为准确的计时方式逐渐成为可能，并作用于十九世纪的各方面，形成更为标准化的时间。铁路便是一个好例子。一八四〇年，大西部铁路公司率先采用基于子午线的标准时间，此后，标准时间的使用逐渐普遍。一八五五年，大部分城镇都把时间调成了格林尼治标准时间。一八八〇年，英国议会通过一项法案，将格林尼治时间定为全国标准时间。值得注意的是，在那之前，肯定也是在铁路标准时间实行

之前，各地都以本地时间为准。比如，利兹的标准时间比伦敦慢六分钟，布里斯托尔则慢十分钟。在那时，这点时差尚无关紧要，但随着旅行速度的加快，这一事实便会造成极大不便。各地逐渐接受同一个时间标准是必然趋势。

正是因为采用了同一套标准时间，工作和日常生活中的大部分内容都被时钟固定了下来，包括上班时间、上课时间直到下午茶时间，后者正是我们下一节将涉及的内容。

92

维多利亚早期的茶具

炻瓷镶银茶具，来自英国斯塔福德郡
公元一八四〇年至公元一八四五年

还有什么能比一杯好茶更居家、更平凡、更具有英国味道呢？当然，就这个问题你大可反向思考，还有什么比一杯茶更不具有英国特色呢？茶叶是来自中国或印度的植物，而喝茶时加的糖来自加勒比海地区。这就是英国人的国家认同感中颇具讽刺性的一个方面，也许又正是英国人的一种特殊的国家认同——这种已然成为世界性讽刺漫画中英国代表物的饮品本身没有任何成分产自英国，它是持续数个世纪的国际贸易和复杂帝国历史的产物。在一杯现代英国茶的背后，隐藏着维多利亚时期全盛的政治活动，隐藏着十九世纪帝国大规模生产和大量消费的情状，隐藏着对工人阶级的驯服、对各大洲农业的重塑、数百万人的流动，以及全球航海业的发展。

到十九世纪中期为止，一些奢侈品在英国不但人人向往，更成了生活中的必需品。其中最普遍的便是茶，它成了英国所有阶层生活中的不可或缺之物。能够突显这一变化的物品是本节中这一套三件的红棕色陶瓷茶具：一个约十四厘米高、壶嘴短而直的小型茶壶，一个糖罐以及一个奶罐。它们的底部标明，它们制造于斯塔福德郡特伦特河畔斯托克城韦奇伍德的伊特鲁里亚工厂，也即英国陶瓷制造业的中心。十八世纪，约西亚·韦奇伍德使用碧玉和玄武岩制造了当时英国最昂贵的瓷器，而这套茶具可以表明，到了一八四〇年前后，韦奇伍德已将产品的定位转向更大范围内的消费者。它明显只是一套中档茶具，是普通家庭也负担得起的简单陶器。不过本节中这套茶具的主人显然有着强烈的社交愿望，因为三件茶具上都镶着带纯度标记的白银蕾丝装饰。历史学家赛琳娜·福克斯表示，下午茶在当时已成为一项时髦活动：

> 十九世纪四十年代，贝德福德公爵夫人引入了下午茶的习惯，当时的晚餐时间非常晚，通常在七点半到八点之间，对英国人的胃而言，午餐与晚餐之间留有空当。很快，下午茶兴起，四点左右人们纷纷喝茶，佐以三明治之类的小点心。

在上流社会，茶早在十八世纪之前便开始流行。查理二世的王后凯瑟琳·布拉甘萨和安妮女王赋予了它来自权贵的认同。茶叶引自中国，价格昂贵，味道苦涩却提神，饮用时通常使用小杯，不加糖和奶。茶叶通常被保存在带锁的茶叶罐里，仿佛一种药材。而对那些喝得起茶的人来说，事实也常常如此。一七五〇年前后，塞缪尔·约翰逊坦承自己是一个幸福的上瘾者：

> 一个冥顽不化而不曾羞于承认的饮茶者，二十年来只用这种神奇的植物泡出的水来冲淡他的饮食。他的茶壶几乎没有冷却的时候。茶陪他在夜间娱乐，给他午夜的慰藉，伴随他开始新的一天。

到了十八世纪，民众对茶叶的需求更甚，但政府的重税导致茶叶价格居高不下。为了逃避消费税，走私开始活跃。到十八世纪七十年代，大部分茶叶都是通过走私渠道进入英国的，据估算，非法入境的茶叶约有三百万千克，而通过正当途径进入的只有两百万千克。一七八五年，在守法的茶叶商人的施压之下，政府大幅降低茶叶税，于是几乎在一夜之间，走私行为便被一扫而光，茶叶价格大幅下降。至此，它才真正成为大众饮品。但价格低廉也只是英国茶叶消费量增加的一个因素。十八世纪初的某一时刻，人们开始往茶里加奶和糖，将高雅的苦涩变成了持续的甘甜，消费量呈直线上升。与咖啡不同，茶的市场定位更加正面，是男女皆宜的体面饮品，其中女性更是主要的目标消费群体。伦敦的茶室以及花园茶座人头攒动，陶瓷茶具成了时髦家庭中必不可少的物品，而如本节中这套茶具一样价格低廉的陶器更是走进了千家万户。

随着价格的降低，茶叶也得以在工人阶级中迅速普及。到一八〇〇年，据当时一位外国人士记载，它已经成为英国新的国民饮料。到一九〇〇年，英国人均茶叶消费量已达到每年三千克。瑞典人埃里克·古斯塔夫·盖谢尔在一八〇九年评论道：

> 除了水以外，茶亦是英国生活的基本元素。一切阶级都会消费茶叶……早晨，你会看到在很多露天摆放的小桌旁边，马车夫和工人围坐成圈，大口喝着这美味的饮品。

在日益增长的城市人口中推广饮茶对统治阶级有实际的助益。对于贫穷，易受疾病侵扰，且被视为有酗酒倾向的城市居民而言，啤酒、葡萄酒和杜松子酒早已是男男女女乃至儿童的日常饮食。究其原因，则在于酒精是温和的消毒剂，相较未消毒的城市用水要安全一些。但在十九世纪，酗酒已演变为日益严重的社会问题。各宗教领袖和禁酒运动都在不断宣传茶的好处。一杯甘甜的奶茶便宜又提神，能补充体力，味道也可口。赛琳娜·福克斯认为这是一种管理社会的绝妙工具，因为：

> 禁酒运动声势浩大。酗酒是维多利亚时期的重大社会问题，而社会急需工人阶级勤奋、清醒，为此有了铺天盖地的宣传。同时，戒酒也符合清教徒卫理公会等组织的主张，茶便成了不二之选。因而，此运动由两个层面构成，其一是清教徒，其二是得以保持清醒而能按时上班、不会受英国人常见的酗酒问题困扰的工人阶级。下午茶正是建立在第二种层面上的习惯。因此在十九世纪，饮茶才真正大

规模流行起来。

茶代替啤酒成为新的国饮，同时也成为英国性格——儒雅有礼——的新代名词，先前的粗野被完全摒弃了。十九世纪的一位无名诗人作了一首禁酒诗：

> 与你并肩时我看到，在未来的日子里，
> 信徒将使英国增色，
> 直到神气的酒神摘下花环，
> 爱与茶完胜葡萄。

但是在一杯温馨宁静的茶中，也有风暴暗涌。在英国茶叶一概自中国进口的时期，由东印度公司出售鸦片换取银两，再用银两购买茶叶。茶叶贸易对两国都影响重大，最终引发了战争。第一次冲突至今仍被称为鸦片战争，但其实也是一场茶叶战争，爆发时间与这套茶具从韦奇伍德工厂出品的时间大致相当。十九世纪三十年代，英国开始在加尔各答一带种植茶叶，与中国交恶便是原因之一。为了鼓励民众购买，来自印度的茶叶一律免于纳税。味道浓郁的阿萨姆红茶终于成为英国人的选择，满足了整个帝国的茶叶需求。之后又有人在锡兰，即今日的斯里兰卡开辟了茶叶种植园，吸引大批泰米尔人从印度南部搬到锡兰从事茶叶种植。英国皇家植物园的莫尼克·西蒙兹描述了这一事件造成的影响：

> 数百英亩的土地被变成茶园，尤其在印度北部。他们在锡兰等地种植茶叶之举也取得了成功，这对当地人不无冲击，但也创造了就业机会。虽然这些工作收入很低——一开始雇用的都是男性，但后来采茶的多是女性。印度和中国的部分地区从种植和销售茶叶中获得了利益，但真正大赚的当然还是从包装和贸易中获取附加值的大英帝国，尤其是不列颠本土。

航运业一样财源滚滚。将茶叶从远东运输到英国的漫长旅途形成了对快帆船的极大需求，这些船与来自加勒比海地区的运糖船一起停在英国港口。直到不久之前，为了将糖放上英国人的茶桌而动用的暴力手段仍然不比装满茶罐所需要的少。第一批被运到美洲的非洲奴隶所从事的工作便是种植甘蔗，由此开始了漫长而可怕的三角贸易：将欧洲货物运到非洲，非洲奴隶运往美洲（第86节），再将奴隶生产的糖运到欧洲。在有颇多支持禁酒的人士参与的漫长斗争之后，英属西印度群岛在一八三〇年废除了奴隶制。但直到十九世纪四十年代，市场上仍充斥着奴隶生产的糖，其中古巴是重要产地之一，其成本当然要比雇用自由工人低。糖所承载的道德问题十分复杂，与政治紧密相关。

这套茶具中最与世无争的当数奶罐，但它也是社会与经济巨变的一部分。直到十九世纪三十年代，为了喝上牛奶，城市居民还得在城里养牛——这是十九世纪生活中鲜为人知的一个方面。不过，通往城郊的铁路改变了这一状况，奶牛因此可以回归乡野。一八五三年，一篇发表在《英国皇家农业协会期刊》上的文章说道：

> 随着西南铁路竣工，萨里地区开展了新贸易。那里办起了不少有二三十头奶牛的养殖场，将产出的牛奶送往滑铁卢终点站以供应伦敦市场。

这一茶具三件套从三个方面呈现了十九世纪英国社会的变迁。琳达·科利等史学家还以小见大，从中看到了更广阔层面上的历史：

> 它也突显了一点，即帝国能在多大程度上影响其国民，不管是否有意为之。十九世纪时，如果你坐在一张红木桌旁饮用加了糖的茶，便几乎与世界上所有大洲产生了关联。你与护卫各大洲之间航线安全的皇家海军产生了联系，也与一个长满触手的资本主义机器产生

了联系，而英国正是利用这一机器控制了世界上的许多地区，掠夺了当地的各种商品，包括可为本国普通民众提供的那些。

下一件物品也来自一个饮茶的岛国，日本。但和英国不同，日本起初竭尽全力地把外部世界拒之门外，直到在美国的强迫下，在美国货真价实的枪口之下，加入了全球经济体系。

93

葛饰北斋的《神奈川冲浪里》

木版画，来自日本
公元一八三〇年至公元一八三三年

至十九世纪初，日本已实行闭关锁国政策长达两百年。它选择了退居国际舞台之外。

> 有的地方国王心急火燎，
> 有的地方车轮滚滚向前，
> 火车在疾驰，
> 战争在获胜，
> 事业在完成。
> 都在别的地方，不在这儿，
> 我们只画屏风，
> 是的……布置屏风。

这是斯蒂芬·桑德海姆在一出音乐剧中对这个与世隔绝而又冷静内敛的国度的描述。当时是一八五三年。很快，美国的炮舰便要迫使它向全世界开放港口。这同时也是对梦幻而又注重美学的日本的诙谐描绘。当远隔重洋的欧洲与美洲陷入工业化狂潮与政治动荡时，这里的人仍在沉着地描画着屏风。

这种描绘也是日本人自己偶尔希望投射出的形象，最负盛名的日本

绘画《神奈川冲浪里》有时便会被以这种方式解读。这幅最畅销的浮世绘由伟大的艺术家葛饰北斋于一八〇三年前后绘制，是他的《富岳三十六景》系列之一。大英博物馆藏有这幅画的三个版本。本节中的这一版印制时期较早，当时刻画的木版还很新，因此图案线条清晰锐利，色彩鲜明完整。一眼望去，画面呈现的是一个巨大的深蓝色浪花在海面上高高卷起，远处是宁静的覆着白雪的富士山。你也许会觉得，它没有时代感，只是典型的日本风格的装饰图画。但它还有其他的解读方式。凑近细看，这片美丽的海浪即将吞没三条渔船，船上还有惊恐的渔民。富士山显得那么渺小，因此作为观者，似乎也能体会到船上渔民的焦虑心情——海岸遥不可及，而你迷失了方向。我认为这幅《神奈川冲浪里》呈现了动荡与犹疑，它向我们描绘了日本站在现代世界大门口时的心态，而很快，美国就将强迫它步入门中。

十九世纪中期，工业革命兴起。以英美为首的制造业大国都在虎视眈眈地开发新的原料产地和产品销售市场。这些自由贸易者将世界视为一只属于他们的牡蛎，正等着被他们撬开。而日本不愿在全球经济中尽力扮演角色，这在他们眼中是无法理解，甚至是不能容忍的。至于日本方面，它则感到没必要与这些固执的、潜在的未来伙伴进行贸易，它现有的体制运作得相当不错。

自十七世纪三十年代末起，日本政府几乎关闭了一切港口，驱逐了外国的商人、传教士和普通人，并禁止国人踏出国境，也拒绝外人入内——违者处死。破例的唯有荷兰和中国商人，但他们的船只和贸易活动也被严格限制在长崎港进行。商品规律性地从这里进出口（如第79节所述，十七世纪中叶，日本迅速填补了因中国政治动荡造成的欧洲市场瓷器供应短缺），但所有的贸易规则都是由日本制定。和世界其他地区的贸易都由他们采取主动。这并非绝对的与世隔绝，而是有选择的参与。

外国人不得进入日本，但舶来品却有极大可能进入。仔细研究这幅《神奈川冲浪里》的颜料和构图，就能清楚地看出这一点。我们看到的是一个传统日式场景：巨大的海浪卷起，高凌于无篷的长型渔船之上，不仅是船，甚至远方的富士山都显得很渺小，用纸则是日本传统的桑穰纸，尺寸比 A3 纸略小，颜色是淡淡的黄、灰与粉，主色调却是深邃浓郁的蓝。这种蓝色出人意料。因为它并不是日本蓝，而是普鲁士蓝或称柏林蓝，一种十八世纪早期在德国合成的染料，和普通蓝色相比不易褪色。这种颜料可能是通过荷兰商人直接进口的，更有可能是从中国辗转到来的，因为十九世纪二十年代，中国也开始调制这种颜料。《神奈川冲浪里》用的蓝色表现了日本信心十足地从欧洲汲取所需之物。《富岳三十六景》会广受欢迎，部分原因便是它在印刷中使用了这种充满异国风情的悦目蓝色，也正是这种异域背景让它格外珍贵。葛饰北斋不仅从西方借用了颜料，也借鉴了透视法，将富士山布于极远处。很明显，葛饰北斋一定研究过欧洲版画。它们由荷兰商人引入日本，在艺术家和收藏家中流传。因此，这幅画并不是纯粹的日本艺术，它是一种杂汇品，是西方材料和绘画手法与日式审美的融合。无怪乎它会在欧洲大受追捧：它带着异域风情，但又并不陌生。

我认为它还表现出一种日本人独有的矛盾心理。作为观者，你在画面上没有落脚之地，没有可站立的地方。你只能同样待在船里，置身于巨浪之下、危险之中。这位艺术家抱着一种深深的矛盾之感描绘了带来欧洲货物与思想的凶险的大海。对葛饰北斋的作品，尤其是这幅《神奈川冲浪里》作过深入研究的克里斯汀·古斯有如下见解：

> 这幅画绘制于日本开始为外国势力的入侵而忧虑之时，因此画中的巨浪一方面可以作为保护日本的象征性屏障，同时也展现了日本人出海游历、进行思想交换和贸易往来的可能性。因此我认为它与日本对外开放的初期密切相关。

在相对隔绝的漫长岁月中，由幕府统治的日本社会稳定和谐。统治者对各阶层民众的公共行为都有严格规定，对个人举止、婚姻和持有武器等方面也有法律规范，而统治阶层本身需要遵守的规则更多。在这种受到高度控制的氛围中，艺术蓬勃发展，但这一切的前提都是日本与其他各国保持距离。十九世纪五十年代，众多外国势力都试图享有中国及荷兰的特权，与这个繁荣而又人口众多的国家进行贸易。由于日本统治者不愿改变现状，美国人便得出结论，即自由贸易需要诉诸武力换取。斯蒂芬·桑德海姆的《太平洋序曲》这一标题颇具讽刺意味，但其中的故事却是一八五三年的真实历史。日本自给自足的隔绝状态被美国海军司令官马修·佩里强行破坏。他闯入东京湾，要求日本开始与美国进行贸易。下面的文字摘自一封由佩里转交的美国总统写给日本统治者的信函：

> 多艘预备访问日本国的大型战舰尚未进入这片海域，出于善意，信末署名者仅指派了四艘较小的战舰前往。如有必要，明年春天将有更大批舰队重访江户港。
>
> 但我们期待陛下的政府会让这种重访举动失去其必要性，您只需立即同意总统信中这些合理而又和平的提议……

这是教科书式的典型炮舰外交，且确实奏效了。日本的抵抗迅速瓦解，很快，他们便接受了新的经济模式，虽是被迫加入国际市场，却成了活跃的参与者。他们对包围着自己的大海有了不同的看法，迅速意识到远方世界存在着无限可能。

哥伦比亚大学的日本专家唐纳德·基恩将海浪看作日本社会变迁的隐喻：

> 日语中有一个形容人狭隘的词语"shimaguni konjo"，意为岛民性格。"Shimaguni"即岛国，"konjo"即性格。这个概念是指，日本岛四面环海，且与能隔海眺望欧洲大陆的不列颠群岛不同，它们离大陆很远。而日本的独特性也多为人称道。对世界的兴趣到底冲破了传统的藩篱，逐渐在日本社会抬头。我认为他们对海浪的兴趣表

现了对出海远行的向往，以及在日本以外发现新财富的可能性。当时一些日本人已经开始撰写秘密报告，称日本若想增加其财富，就需要在海外开拓殖民地。

与同系列的其他作品一样，《神奈川冲浪里》印刷了至少五千幅，极有可能高达八千幅。一八四二年，单张售价被官方定为十六文，仅值两碗面。这是一种价格低廉的通俗艺术品，佐以精良的工艺标准，大量印刷后获利也很丰厚。

一八五三年至一八五四年，日本在佩里司令官的施压之下开放港口后，重新开始了与外界的交流。他们认识到，没有哪个国家能被允许脱离全球经济体系。此后日本绘画大量出口欧洲，很快获得惠斯勒、梵高和莫奈的青睐和赞赏。曾深受欧洲版画影响的日本艺术家，如今开始反过来影响欧洲。"日本风格"迅速成为一股热潮，渗透进欧美的艺术传统中，直到二十世纪，仍在影响着纯艺术与实用艺术。日本紧随着西方国家工业化、商业化的脚步，逐渐转变为一大帝国经济强权。然而正如和《神奈川冲浪里》大致绘于同一时期的康斯特布尔的《干草车》，成了工业化之前英格兰乡村的象征一样，葛饰北斋的这幅画也成了永恒的日本的象征（在现代人的印象中依然如此），被反复地印在从纺织品到茶杯的各种物品之上。

94

苏丹豁鼓

鼓，来自中非

公元一八五〇年至公元一九〇〇年

霍雷肖·赫伯特·基钦纳是第一代基钦纳伯爵，也是第一次世界大战期间的风云人物。在一张广为人知的征兵海报上，他一身戎装，一只直指观者的手位于画面中心，其后不远处是他翘起的八字胡，画面上写着"你的国家需要你"。在当时，基钦纳已享有传奇般的"喀土穆的基钦纳"之誉。这面中非木鼓便是他于一八九八年斩获并献给维多利亚女王的战利品，此前，他所率领的军队在恩图曼战役中消灭了约一万一千名苏丹兵。这只鼓也是他获得这一称号的缘由之一。

这面豁鼓的历史就是一部十九世纪的苏丹史，当时，各路势力——英国、法国和奥斯曼控制下的埃及——在这个广阔的尼罗河沿岸国度汇集。长久以来，苏丹一直被一分为二：南部为信仰传统宗教的非洲人的领地，北部则为穆斯林的领地。这是尼罗河瀑布附近地缘政治断层的又一份记录，关于这种断层，我们之前已提过两次，分别为塔哈尔卡法老的狮身人面像（第 22 节）以及奥古斯都的头像（第 35 节）。这面鼓不仅见证了非洲土著文化的历史，也见证了以喀土穆为中心的东非奴隶贸易史，以及十九世纪晚期欧洲列强争夺非洲的混战史。

这面豁鼓诞生于非洲中部苏丹与刚果交界的地区，最初应该属于某位有权势的酋长的宫廷乐队。它的外形为一头短角水牛或丛林水牛的模样，从头至尾长约二百七十厘米，高约八十厘米，大小则相当于一头腿非常短的小牛。它头小，尾短，主体集中在被挖成中空的整个身体部分，背部有一道狭窄的豁口。鼓的两侧厚度不同，因此经验老到的鼓手能用传统的鼓槌敲出两种不同的音调以及多达四种的音阶。它是由一整块红色非洲孔雀豆木雕琢而成的。这种木材生长于非洲中部丛林，质地坚硬耐久，非常适合制鼓，因其可以承受反复敲击，保持稳定的音调，并免受白蚁啃噬。

鼓的主要功能是在出生、死亡和聚会等纪念性场合演奏。欧洲人将这种豁鼓称为"说话的鼓"，因为它们是在仪式上用来向人类"说话"的，并能远距离地传递信息、召集狩猎或作战。它的声音可以传出数英里。

十九世纪末，苏丹社会忧患不断。欧洲与中东势力在丰富的象牙与奴隶资源的诱惑下，早已进驻中非。几百年来，苏丹南部与中非的奴隶一直被带往北边的埃及，售往奥斯曼土耳其帝国控制下的各地。许多中非部落首领与奴隶贩子合作，对敌对部落实施突然袭击，然后转卖俘虏分赃。十九世纪二十年代埃及人掌控苏丹之后，这一现象更为频繁地上演。奴隶的抓捕与贩卖，作为这一地区利润最高的支柱产业，被集中控制在位于喀土穆的埃及政府手中，至十九世纪晚期，喀土穆俨然成了世界上最大的奴隶市场，业务遍及整个中东地区。作家多米尼克·格林这样评价当时的情形：

埃及人建起了一个持久的贩奴帝国，从尼罗河第四瀑布一直延伸到维多利亚湖北岸。欧洲政府给予了一些支持，但他们感兴趣的明显是象牙而非奴隶，另一方面，他们也考虑到人道主义。埃及总督们则玩起了双重标准，一边在欧洲人强推给他们的反奴役公约上签了字，一边又继续借贩奴大发横财。

这面鼓可能是奴隶抢夺者的战利品，也可能是来自当地首领的礼物，不过肯定是随着奴隶贸易而来到喀土穆的。它一到达喀土穆就翻开了生命中新的一页：为了适应伊斯兰国家而被迫改头换面。从它的侧面便可看出端倪：两侧各刻了一个几乎占据整个鼓身的长方形，其中又有圆形及其他几何图案，显然是新主人为了驱除邪眼而添加的伊斯兰图案。这些图案在一面上是阳刻，另一面上是阴刻，而这样的削减彻底改变了鼓的音色。这表明它虽然可能会延续最初的功能，比如演奏音乐或召唤出战，但发出的声音已截然不同。这件乐器成了外人的战利品，新雕刻的图案便是一个标记，声明信仰伊斯兰教的北方已在政治上掌握了中非。

这面鼓来到喀土穆时，正值苏丹历史上的危急时刻。伴随埃及人的占领而来的是先进的欧洲技术与现代化机遇，而与此同时，一股新的伊斯兰反抗势力正在不断壮大。埃及虽属信仰伊斯兰教的奥斯曼土耳其帝国，但不少苏丹穆斯林却将其视为会带来政治压迫的非正统穆斯林势力加以抗拒。一八八一年出现了一位宗教兼军事领袖——穆罕默德·艾哈迈德，他宣称自己是"马赫迪"，即受安拉指引的人，并发动了一场史称马赫迪战争的圣战，要将苏丹从松懈、欧化的埃及人手里夺回。这是现代历史上的穆斯林军队第一次自发与帝国主义较量，一时之间所向披靡。

埃及政府的稳定与否关系到英国的战略利益。一八六九年由埃及和法国共同挖掘的苏伊士运河作为一条经济命脉，是连接英属印度与地中海的要道。但是运河的开凿、其他大型工程的兴建和总督治下长期的财政混乱让埃及迅速背负起沉重的债务。马赫迪战争的爆发让形势更为严峻，埃及政府似乎处于破产边缘，内战也一触即发。一八八二年，由于担忧运河上的安全，英国采取了行动以维护国家利益。他们派出军队，并派遣英国顾问协助埃及政府进行管理。其后不久，因马赫迪一派包围了喀土穆，英国人便将视线转向了苏丹。随着马赫迪势力的壮大，埃及政府派出戈登将军率兵进攻苏丹。但这支部队被围困，戈登本人也在喀土穆被处死，并在英国被奉为英雄。据多米尼克·格林描述，马赫迪一派接手了苏丹：

> 戈登被处以维多利亚时期最残酷的凌迟之刑。之后，他的形象以雕像和油画的形式在英国各个角落重现。一八八五年一月，喀土穆被攻陷，在强烈的抗议平息之后，苏丹几乎被英国政府淡忘，直至九十年代中期非洲争夺战上演。当时英国的战略目标是最终建立起从好望角到开罗的南北通道。而法国则想打通跨越东西的道路，他们派出了一支马尔尚船长率领的探险队从非洲西部登陆，试图穿越沼泽直抵尼罗河。英国看破这一点后，派霍雷肖·赫伯特·基钦纳率领的一小队士兵加以阻拦。一八九八年，继喀土穆包围战十三年后，基钦纳的军队终于和马赫迪军迎面对峙。

一八九八年九月二日，基钦纳带领的英埃联军在恩图曼摧毁了马赫迪的兵力。这场战争是英国骑兵发动的最后几次冲锋之一，年轻的温斯顿·丘吉尔也参与其中。苏丹方有大约一万一千人阵亡，一万三千人受伤，而英埃联军的伤亡不超过五十人。这是个残忍的结局，但英国政府认定这是确保自己在该区域的利益免受法国侵害的正当战争，并且是对戈登在喀土穆之死的复仇，另外还终止了他们眼中可耻的奴隶贸易。

英埃联军重新夺回喀土穆之后，基钦纳的军队在这座城市近郊发现了这面鼓。它再一次被重新雕刻，或者说是重新做了标记。作为一项政治声明，基钦纳在丛林水牛的臀部附近印上了英国皇室徽章。之后，它被献给了维多利亚女王。

从一八九九年起直到一九五六年独立，苏丹一直处于英国与埃及的共同统治之下。在此期间，英国实行的政策多是将这个国家分成截然不同的两部分——信仰伊斯兰教、阿拉伯化的北方，和基督教势力逐渐增强、非洲人聚居的南方。对此，苏丹记者泽纳布·巴达维——其祖父曾在思图曼战役中作为苏丹方的一员参战，其父也曾是这个被分裂的国家现代政坛上的领军人物——有如下阐述：

> 这面鼓很有意思，因为它曾落入马赫迪派手里，鼓身上刻着阿拉伯语，它是苏丹的官方语言，也是北部地区通行的语言。苏丹是非洲黑人和阿拉伯世界融汇的产物，是真正的交叉点，一如喀土穆的青尼罗河与白尼罗河汇流成尼罗河。我曾给我父亲看过这面鼓的照片。他说，他在二十世纪四五十年代担任苏丹社会党副主席时正身处南苏丹，其时南苏丹人与在当地的北苏丹人发生了纠纷。在冲突中，他记得曾见到有人拿出一面鼓，酷似这一面，但明显要新得多。那人敲起鼓来，并鼓励其他南苏丹人展现他们的力量，阻止南方人与北方人之间那场逐渐失控的冲突。

苏丹在独立后的几十年间，一直在内战与宗教冲突中挣扎，死伤无数。最近，南方提出与北方和平分离的要求。二〇一一年，一场全民公决将决定这种分离会走到何种程度。这面豁鼓所讲述的故事尚未完结。*

---

* 2011 年 7 月，根据苏丹南部公投结果及 2005 年苏丹南北双方达成的协议，南苏丹正式宣告独立，建立了南苏丹共和国并被联合国接纳为成员国。——译注

95

遭女性参政论者损毁的一便士币

爱德华七世便士，来自英格兰
公元一九〇三年至公元一九一八年

从这里开始，我们讲述的历史便跨入了二十世纪。此前在我们的社会中，物品的制造者、委托制造者和所有者一般都是男性。本节这件物品上也刻有国王的头像，但它却是被女性所利用的特例——它的外观被一条女性抗议国家法律的口号破坏了。这是一枚带有爱德华七世头像的英国便士，但他的形象遭到了损毁，这在当时是一项犯罪行为。印满国王整个头部的粗糙大写字母是"VOTES FOR WOMEN"（女性要有选举权）。这枚主张女性参政的硬币代表了所有为选举权斗争过的人。本部分的前几件物品展示了十九世纪的大规模生产与消费，而这件物品则与大众参政的兴起相关。

历史上鲜见权力被心甘情愿移交的现象，它通常是通过暴力手段而易主的。十九世纪的欧洲和美洲不时爆发政治抗议，比如欧洲大陆时常发生革命，美国爆发了南北战争，英国则上演了旷日持久的要求放宽参政权的斗争。

重新定义英国民主政治的进程十分缓慢。这一行动始于十九世纪二十年代，到八十年代，大约六成的男性拥有了选举权，但女性被完全排除在外。一八三二年《大改革法案》颁布后不久，争取女性参政权的行动便开始了，但这场战役直到二十世纪初才真正打响，当时女性参政运动陆续出现，女性展现了更高层次的魄力，可以说是暴力。为女性参

政运动谱写战歌《女子进行曲》的埃塞尔·史密斯女勋爵曾说过：

> 一九一二年一个值得铭记的下午，五点半整，一批又一批的女性从皮手筒和提包里拿出锤子，有组织有计划地敲碎了伦敦所有主要街道上的商店橱窗，因为她们知道在同一时刻，潘科赫斯特夫人正把一块石头砸向唐宁街十号的窗户，拉开整件事的序幕。

史密斯和其他许多女性一起被关进了监狱。一天，有位探监者发现她从窗户里探出身，正用自己的牙刷指挥女权运动的盟友在活动时间练习那首歌。

这些受人尊敬的女性的故意犯罪行为令当时的当权者震惊不已。民众对争取女权的海报、宣传册、集会和唱歌早就习以为常，但如今她们又迈进了一大步。损毁国家货币相形之下反倒是较为模糊的罪行，因为没有明确的受害者，但它却是对将女性排除在政治生活之外的国家政权更有效的攻击。这是绝妙的宣传策略。艺术家菲利斯蒂·鲍威尔对颠覆性的纪念章有特别的兴趣：

> 这个主意令人拍案叫绝。它利用了货币的潜质——广泛的传播力，有点类似今天的互联网。一便士是使用最频繁的钱币，因此能有效地扩散信息，破坏性地进入公共领域，传给那些深有同感的人和会为之震惊的人。这个创意妙极了。

> 这枚硬币充分利用了硬币无法一眼看到两面的特点。刻有不列颠女神形象的一面没有受到损毁：这个站立的女性形象十分强烈地象征了国家的地位。因此当你看到另一面时，极有可能会感受到一种冲突，一种切实的颠覆。

另一面上正是爱德华七世的侧面像，秃顶，蓄须，目光直视画面右方。这枚硬币铸造于一九〇三年，当时他刚六十岁出头。硬币边缘是一圈环绕着他的拉丁字母，意为"爱德华七世蒙上帝恩典，他是不列颠之王，国教捍卫者，印度君主"。如此强势的称号提醒世人，他是古老权力与新兴帝国权力的结合，这一统治长达数世纪的政治体系得到了上帝的庇护。但参差不齐的大写字母"VOTES"横亘在国王的耳朵上，盖住了他的脸颊，耳朵下方则刻有"FOR"，脖子上是"WOMEN"。一位女权运动者将这些字母一个个地敲到了一便士硬币上，每个字母都要单独敲，整个过程十分费力，成品带有一种强有力的粗糙感，对此，菲利斯蒂·鲍威尔这样形容：

> 不偏不倚地敲在国王的脸上，这确实是一种损毁行为。我觉得饶有趣味的是，这样一来，耳朵便被置于非常突出的位置。所有字母都被敲到硬币上之后，耳朵仍大致保持完好，这似乎是在问："你听见了吗？"显得非常有力量。

这枚爱德华七世铜币被损毁时，正是妇女社会与政治联盟成立期间。这一组织的发起人包括埃米琳·潘克赫斯特和克利斯塔贝尔母女。之前有过较为温和的女性组织，但没有一个实现过自己的目标。三十三年前，埃米琳的丈夫曾为国会起草了第一份《女性参政法案》，在众议院反响相当不错，但遭到了首相威廉·格莱斯顿的公开反对：

> 我担心的并不是女性侵犯男性的权力。我担心的是，这样做会无意中妨害女性天性中的娇柔、纯洁、精致与高贵。而这些正是她们现有力量的源泉。

除了指出女性的娇柔与精致之外，格莱斯顿还大力宣扬压抑天性的传统淑女行为规范。因此，尽管女性选举权运动仍在继续，法案不断被呈交国会，但在几乎一代人的时间里，多数女性不再采取直接行动，终止了侵犯男性现有权力的非淑女行为。

到一九〇三年，包括潘克赫斯特母女在内的广大女性都不再甘于忍耐。（此时她们自称"主张扩大参政权者"，但在几年的激进运动之后，这些活跃的新抗议者被《每日邮报》称为"主张女性参政女斗士"，这是一种带嘲笑意味的狭隘化的称呼，将她们与那些坚持以和平手段抗议的女性区别开来。）在潘克赫斯特夫人的带领下，女权主义者采取了直接行动，损毁硬币仅仅是其中一项。但选择便士作为载体是绝对明智的：这种实行十进制货币之前的黄铜便士直径与现在的两英镑硬币相当，大小足够清晰容纳所有字母，同时数量庞大、价值低廉，银行召回重铸的可行性很小。因此，硬币上的信息能够广泛而无限制地流传下去。女权运动者也身体力行地展开了事业：她们呼吁投票，扰乱审判秩序。埃米琳·潘克赫斯特本人就曾经这样做：

> 对任何一个没有偏见的人来说，女性应获得选举权的理由是显而易见的。英国宪法规定，纳税与代表权相伴相生。因此，女性纳税人自然拥有投票的权利。

潘克赫斯特节制的发言掩饰了当时运动中逐渐升级的暴力现象。其中最著名的事件是，国家画廊所收藏的委拉斯开兹的名画《镜前的维纳斯》被玛丽·理查森割破，她还振振有词地说：

> 我要毁掉神话中最美丽的女性画像，作为对政府毁掉现代史上最美丽的女性潘克赫斯特夫人的抗议。

女权运动者还采取了许多其他至今仍会让人感到震惊的行动：用铁链把自己捆在唐宁街十号的栏杆上；在信箱里投放邮件炸弹；被送进监狱后绝食抗议。最暴力的自残行为发生在一九一三年的德比，艾米莉·戴维森冲到国王的座驾前，最终死在了马蹄之下。为了改变法律，女权运动者开始系统性地破坏法律。损毁硬币仅仅是行动之一，而这些行动都远远超出了非暴力反抗的范围。当时社会对这种行为的容忍度上限在哪里？人权律师与改革者海伦娜·肯尼迪夫人谈到了这一问题：

损毁硬币是违法的，因此，这也引发了关于在特定情况下违反法律是否合乎道德的争论。我的观点是，在争取人权时，有时别无选择。作为一名律师，我可能不该说这样的话，但我认为在某些情况下，多数民众都会赞同"总得有人站出来做点什么"的想法。显然，考虑到非暴力反抗的宗旨，被接受的范围是有限度的。有一些政治举措无可容忍，对它的限度在哪里、它应当如何的道德判断也经历了艰难的斗争。这些女性拥有非凡的勇气，她们做好了牺牲的准备。在如今的社会中，自然也有人为形形色色的事业做好了献身的准备，但我们需要考虑时间和场合是否合适。我认为大部分人都会赞同一点，即个人的行为一旦伤害到了他人，便是令人不能接受的。

2003 年发行的五十便士纪念币，纪念妇女社会与政治同盟成立一百周年

第一次世界大战的爆发打乱了女权运动的脚步，但是战争本身也给予了女性有力的、实际上是决定性的支持，让她们最终享有了投票权。女性突然间获得了在传统的男性领域以及在明显"不适合淑女"的环境下表现的机会——比如战场上的医护工作、军需品供应、农业和工业等领域。因此在战争结束后，她们再也不会被从前娇弱精致的刻板形象禁锢了。

一九一八年，年满三十岁的英国女性获得了投票权。一九二八年，《平等选举法案》将范围扩大到了所有年满二十一岁的女性，与男性选举权条件相同。在这枚硬币被刻上"VOTES FOR WOMEN"一百年之后，英国发行了一种面值五十便士的硬币，以纪念妇女社会与政治同盟成立一百周年。硬币的正面是女王像，一名女性。背面也是一名女性——一位用铁链将自己捆在栅栏上的妇女参政论者，她身边有块告示板写着"GIVE WOMEN THE VOTE"（给女性选举权）。这一次，这些出现在硬币上的文字是合法的。

第二十部分

我们制造的世界

公元一九一四年至公元二〇一〇年

二十世纪和二十一世纪初期是充斥着前所未有的冲突、社会剧变与科技发展的时代。技术的革新使人能够制造并使用更多的产品，其数量超过了历史上任何一个时期，也改变了人与人之间、人与这个物质世界之间的关系。但许多物品（尤其在塑料被发明之后）都是暂时或一次性的，导致环境和全球资源成为人类亟须解决的问题。与两百万年来不变的事实一样，过去这一个世纪中生产的物品反映了我们的关注点、创造力和渴望，它们同样也会继续向我们的子孙透露这一切。

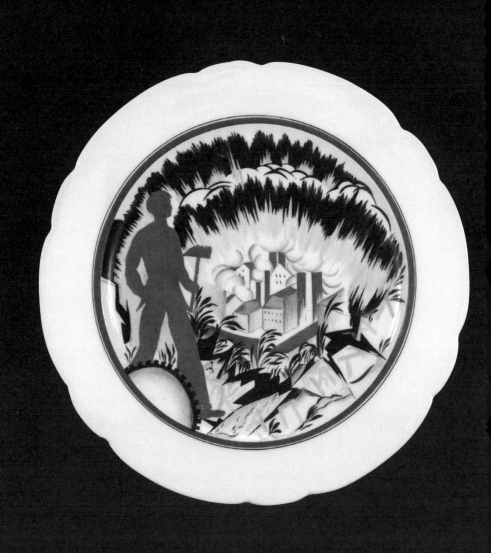

96

俄国革命瓷盘

瓷盘，来自俄罗斯圣彼得堡
绘制于公元一九二一年

起来，饥寒交迫的奴隶！
起来，全世界受苦的人！
满腔的热血已经沸腾，
要为真理而斗争！
旧世界打个落花流水，
奴隶们起来，起来！
不要说我们一无所有，
我们要做天下的主人！

以上文字出自著名的《国际歌》，一首一八七一年创作于法国的社会主义歌曲。二十世纪二十年代，俄国的布尔什维克将其定为俄国革命之歌。原歌词是呼吁民众展望未来的革命时代，但布尔什维克在俄语翻译中明显修改了时态，将对未来的展望换作了眼下的事实——革命正在进行。至少在理论上，工人成了国家的主人。

在本书中，我们已见识过不少集大权于一身的统治者形象，如拉美西斯二世、亚历山大大帝、贝宁的奥巴和爱德华七世。而在本节中我们将看到新一类的统治者，不是某一个"我"，而是"我们"。不是个体，而是整个阶级，比方说在苏联，我们看到了人民的政权，或者说无产阶级专政。本节中这个带画的瓷盘正是为纪念俄国十月革命、庆祝新统治阶级诞生的物品。它用橙色、红色、黑色和白色生动地呈现出一座革命工厂所迸发的活力与生产力。在画面前端，一个无产阶级的代表形象正大步走向未来。历时七十年的共产主义时代即将拉开序幕。

二十世纪是由意识形态和战争主导的世纪：两次世界大战，殖民地的独立战争，后殖民时代的内战，欧洲的法西斯主义，世界范围内的军事独裁，以及俄国十月革命。持续了几乎一个世纪的激烈政治交锋，一方是自由民主，另一方则是中央集权。一九二一年，即这个瓷盘绘制的年份，布尔什维克基于马克思主义的阶级与经济理论，已在俄国建立起一个新型政治体制，并准备打造一个新世界。这是桩极其艰巨的任务，因为这个国家刚刚经历一战的失败，新政权面临着外来入侵与内战的双重威胁。布尔什维克需要用尽一切方法来激励并引导苏维埃的工人阶级，而艺术便是其中之一。

设计师利用了瓷盘的圆形来强化图像的象征力量。瓷盘中央是一座位于远处的被涂成红色的工厂，它明显属于工人阶级；冒着白烟，说明它具备良好的生产力；周围放射出鲜艳的黄色与橙色光芒，驱散了过去专制社会的黑暗。画面前端是一个小坡，一名男性从左侧大踏步走了进来。与工厂一样，他也是用红色表现的，身后散发着金色光芒。这一人物形象仅仅是个红色剪影，没有任何细节描画，但我们能看出他朝气蓬勃，热忱地目视前方。很明显，他代表的并非某个个体，而是整个无产阶级，正走向他们即将创造出的光明未来。他手里举着工人的锤子，脚边则有一个齿轮。下一步，他就要踏过一片在石块间散落着单词"KAPITAL"（资本）的荒芜之地。盘子本身制造于二十年前，即一九〇一年，当时上面没有任何图案。设计师米哈伊尔·米哈伊洛维奇·阿达莫维奇用妙手将帝国时代的瓷器变成了简单明了而又有效的苏俄宣传工具。这种再利用的手法吸引了马克思主义史学家艾瑞克·霍布斯鲍姆的注意：

关于这件瓷器最有趣的一点是，你可以通过一件物品同时看到新世界与旧世界，以及旧去新来的转换。很少有物品能如此直观地把历史的变动呈现在你眼前。在这些艺术家身上，意识形态起着至关重要的作用。这些人认为自己已完成了革命的壮举，并且强烈地感受到自己取得了前无古人的成就：我们正在创造一个全新的世界，这项事业只有在俄国和整个世界都顺利转型之后才算大功告成，而我们有责任指引并推动它——这就是它所呈现的意识形态。

在布尔什维克夺取统治权后不久，皇家瓷器厂被收归国有，更名为国家瓷器厂。负责管理它的部门有着响亮的乌托邦式的名称：人民启蒙委员会。一名国家瓷器厂的委员在给这个委员会的一封信中说：

> 陶瓷与玻璃工厂……不能仅仅作为工厂和工业企业。它们应该是科学与艺术中心。它们的目标是促进俄国陶瓷与玻璃工艺的发展，寻求并发展新的生产路线……研究并发展新的艺术形式。

一九二一年，也就是绘制瓷盘的那一年，苏维埃俄国迫切地需要向民众灌输一个信息——团结起来、怀抱希望。因为当时国家陷入了内战、物资匮乏、旱灾与饥馑的重重困境之中，有超过四百万人因饥饿丧生。在瓷盘上的这种工人当家做主的工厂里，生产规模和革命前相比大大降低了。艾瑞克·霍布斯鲍姆认为，这种以瓷盘为代表的艺术形式向处于绝境中的民众传达了希望的力量：

> 在绘制这个瓷盘的年代，几乎所有人都处于饥饿状态。饥荒在伏尔加河畔蔓延，人们接二连三地死于饥饿与伤寒。因而这一刻，人们不禁要问："这个已经倒下的国家如何能康复？"我认为，促使人们投入建设的动力纯粹出于人们想象中的重建后的未来，他们会说："无论发生什么，我们仍在建设未来。我们要怀着无与伦比的信心迎接它。"

借一位陶瓷艺术家的话来说，瓷盘向我们展现了"来自光芒万丈的未来的信息"。通常情况下，一个政权会不断重温历史，为当时的需要提供支持。但布尔什维克希望人民相信，过去业已完结，新世界将从零开始重建。

无产阶级建立平等新世界的主张被绘制在瓷器这一历史上通常与贵族文化及特权相关联的奢侈物品之上。图案是直接手绘在釉面上的，使得瓷盘明显只能作为摆设而无法使用。瓷盘本身有贝壳式边缘，做工精良，早在革命前便已由沙皇时期的瓷器厂制作完成。皇家瓷器厂是十八世纪由伊丽莎白女皇在圣彼得堡附近设立的，出产的瓷器足以与欧洲最精美的同类物品相媲美，多供宫廷使用，或作为官方馈赠之物。俄罗斯埃尔米塔日博物馆馆长米哈伊尔·彼得罗夫斯基解释说：

> 俄国瓷器已成为俄国文化产品的重要组成部分。俄国皇家瓷器声名远扬：其出品的精美瓷盘在当今世界拍卖会上成交价极高。这是艺术与经济、政治息息相关的典范，因为它其实是对沙皇俄国的展示——军事画面、阅兵、普通民众的生活热情、冬宫的美景等，这是俄罗斯想向世界和自己展示的美丽风貌。

这个瓷盘作为一个缩影，也证明了苏俄所宣扬的与旧世界彻底决裂的道路并不现实：考虑到革命的进程，布尔什维克不得不在某些可行的方面利用现有的制度，因此苏俄很大程度上仍然保留着沙皇时期的模式。他们别无他法。但这个瓷盘却是他们有意为之。瓷盘背面有两枚工厂标记，釉面之下是纯白瓷盘于一九〇一年问世时皇家瓷器厂所作的尼古拉斯二世的标记，釉面之上则是苏俄国家瓷器厂于一九二一年绘制的镰刀锤子的标记。这个带图案的瓷盘，制作、加工于前后相距二十年的两个时代，二者的政治环境有着天壤之别。

你原先可能认为他们会抹去沙皇的标记，掩盖瓷盘与沙皇帝国的关联，而事实上，情况也的确常常如此。但工厂中的一些人意识到，保留那枚标记大为有利，能让瓷盘成为更炙手可热的藏品，在国外卖出更高

皇家瓷器厂的沙皇尼古拉斯二世标记与苏俄的镰刀锤子标记

的价钱。这个政权亟须积累外汇，出售类似这只瓷盘的艺术品和文物无疑是一条解决之道。新成立的国家瓷器厂的记录中写道，"在海外市场，人们对兼有苏俄标记与沙俄标记的艺术品兴趣浓厚，若早期的标记没有被遮盖，它们无疑能在国际市场上更为值钱"。

因此我们得以目睹一种意外的状况：一个经历了社会主义革命的政权制造奢侈品卖给资本主义世界。当然，你可以说这合情合理，因为瓷盘所带来的利润能够支援苏联的国际行动，而它的设计目的正是为了削弱那些购买瓷盘的资本主义国家，同时将瓷盘上无产阶级的宣传信息传达给苏联的敌人。评论家雅各布·图根霍尔德曾在一九二三年写道："艺术工业是幸福的战锤，已经敲倒了国际孤立的高墙。"

苏联和各资本主义国家之间这种冲突与共生的关系，起初被视为在西方国家的工人与共产主义取得胜利之前的过渡期的必然状态，最终演变成整个二十世纪的常态。这个瓷盘的正面向我们展示了布尔什维克早年间明确坚定的信念，背面则是实际的妥协。对帝国历史和政治现实的妥协，是苏联面对资本主义世界时在经济上采取的复杂的权宜之计。更进一步说，在其后的七十年里，当整个世界分为两大互相竞争而又彼此依存的意识形态阵营时，苏联始终延续着这种模式。这个瓷盘的正反两面描绘出了从全球革命浪潮步入稳定的冷战状态的道路。

97

霍克尼的《在平淡的村庄里》

铜版画，来自英格兰
公元一九六六年

性爱始于

一九六三年

（对我来说已经太晚）——

在《查泰莱夫人》解禁

和披头士的第一张唱片发行之间。

长于书写忧郁惋惜的大师菲利普·拉金，在一首较为欢快的诗歌里写下这样的诗句，指出了"摇摆的六十年代"里的关键点——性爱，音乐，以及更多性爱。每一代人都认为性爱是自己创造的，但没有谁会以为自己做得像二十世纪六十年代的年轻人那样彻底。当然，六十年代的精神不止于此，这十年如今拥有神话般的地位，更多地是因其被奉为向自由转型的年代，或是毁灭性的自我放纵的年代。这样的神话并非毫无道理。当时，追求政治自由、社会自由和性自由的大规模自发运动遍布全球，让既有的权力与社会体系都遭受了挑战，有些甚至被颠覆。

在前两节里，我们谈到了重大的政治问题——社会各派别平等权利的实现，如女性选举权或无产阶级掌权。而二十世纪六十年代的运动则把目光投向了确保独立公民正常行使这些权利，且每个人都能自由地扮演自己在社会中的角色，在不对社会造成危害的情况下无拘无束地生活。

有几项新的自由来之不易，为此，一些人付出了生命的代价：这个十年，有马丁·路德·金与黑人民权运动，有布拉格之春（英勇的捷克人奋起反抗苏联），也有一九六八年巴黎学生起义及随后在整个欧美掀起的校园抗议，还有反对越南战争、支持裁减核武器运动。

这也是迷幻的"爱之夏"的十年，以伍德斯托克和旧金山的音乐节、披头士和感恩而死乐队为背景音。性革命同样在私人领域发生：女性解放运动，避孕药的发明，以及同性恋合法化。在这个十年之前，大卫·霍克尼的铜版画《在平淡的村庄里》没有可能出版。霍克尼的艺术生涯始于二十世纪五十年代，但塑造他的却是六十年代的生活，他同时也反过来塑造了这个时代。他是一名同性恋者，在工作和生活中都不讳言这一点。但在当时的英国，同性之间的性行为仍属犯罪，对同性恋的迫害频仍。他在美国加州与英国两地生活，在加州完成了那些闻名遐迩的幽蓝游泳池中的年轻裸体男子的画作，在英国则给亲朋好友画像。

在这幅铜版画里，两个约莫二十来岁的赤裸年轻男性并排躺在床上，一条毯子盖住了下半身。我们似乎是从他们的足部上方俯视着他们。其中一人将胳膊枕在脑后，闭着眼睛，仿佛在打盹，另一个则热切地看着他。我们不知道这二人是初识还是早已确定了关系。但一眼就能看出，这似乎是一个平静、餍足的早晨。

这是霍克尼自一九六六年起创作的系列铜版画之一，灵感来自希腊诗人康斯坦丁·卡瓦菲斯；与此同时，内政大臣罗伊·詹金斯正在起草让同性恋在英格兰和威尔士范围内合法化的草案。这幅画发行于一九六七年，正好与国会通过詹金斯的《性犯罪法》同年。霍克尼的画作在当时令众人震惊，时至今日仍令不少人触目惊心，尽管画中完全没有细节描绘——毯子遮住了两人的下半身。但它提出了一串复杂的问题，涉及社会对方方面面的接受程度、容忍限度、个人自由的尺度，以及人类历史上已延续数千年的道德结构的转变。

在我们所讲述的这部世界史中，有一个反复出现而并不会让人觉得意外的主题，那便是性，更确切地说，是性吸引与爱。在本书所呈现的百件文物中，有雕刻于一万一千年前的耶路撒冷附近、现存最古老的表现情侣性爱场景的小石雕，也有后宫女子、耽于享乐的女神和罗马杯上的同性性爱行为。但令人讶异的是，尽管刻画人类性行为的艺术已有相当长的历史，大卫·霍克尼相对含蓄的绘画在那时的英国仍是大胆甚至挑衅性的行为。

霍克尼铜版画中的年轻人可能是美国人，也可能是英国人，他们落脚的地方是一座平淡的村庄，即本画的名字，取自卡瓦菲斯的同名诗。这首诗写的是一个男孩为环境所困，通过幻想完美的恋人来逃脱沉闷的现实。因此，霍克尼画作中闭着眼的男子也许正在温柔地幻想一位热情的伴侣，而后者只是想象的产物，并不是被渴求的有血有肉的真实存在。

> 今晚他躺在床上，为爱情的真谛苦思成病
>
> 他的青春燃起肉欲
>
> 他迷人的青春完全陷入美好的焦急
>
> 在睡梦中欢乐降临，在睡梦中
>
> 他见到并拥抱了渴望的身体……

康斯坦丁·卡瓦菲斯（1863-1933）的家庭拥有多元文化背景，他们在土耳其、英国与埃及三地间搬迁。他们也是庞大的希腊侨民的一分子，而希腊民族两千年来一直主导着地中海东部的经济、文化和精神生活。他生活在通行希腊语的广阔世界里，这一世界的主体并非希腊本土，而是君士坦丁堡和亚历山大港，后者始建于公元前四世纪亚历山大大帝征服埃及之后，但直到二十世纪中叶才建成。这一世界我们此前也曾数次提及，最著名的代表物是同时雕刻有希腊语与埃及语的罗塞塔石碑。卡瓦菲斯对博大的希腊文化传统所知甚深，他在亚历山大港所作的诗歌带有浓厚的古典情怀，体现了那个传统的希腊世界，那时，男性间的恋爱司空见惯。

而年轻的霍克尼所生活其中的布拉德福德则完全不同。在二十世

五十年代的约克郡，同性恋仍是一个讳莫如深的话题，对艺术家来说更是个危险的主题。因此，在布拉德福德图书馆发现的卡瓦菲斯诗集让霍克尼耳目一新。

我越读他的诗，就越为那种简单直接所吸引。一九六〇年的夏天，我在布拉德福德的图书馆找到了约翰·马维罗戈达托的译本，然后偷走了这本书。我敢肯定，这本书现在还在我手里。我并不为自己的行为感到歉疚，因为现在这本书改版上市了，但在当时它彻底绝版，哪儿都买不到。而且告诉你们，在布拉德福德的图书馆，这本书从来都没有摆上架子，你得向管理员索取才行。

之后，霍克尼选择了十四首诗歌作为创作系列铜版画的模本，其主题包括渴望与失落，命中注定的邂逅，以及醉人的、充满激情的相逢。这些都是他应用于艺术作品的令人激动的主题，也是一个艺术家如何将私密体验转化为公开声明的例证。在一对开明的父母身边长大、自幼不被过问私事并不受闲言碎语困扰的他，认为自己有责任挺身而出，通过艺术争取自己的权利，同时加入日渐壮大、为同类争取权利的阵营。他的创作极富个性，抛弃了沉重的表达手法。这一系列铜版画并不是说教，而是欢笑和歌唱：

关于这些画，我们必须记住一点，它是在传播以前被禁止传播的信息，尤其是在学生中间，因为它的主题是：同性恋。我觉得我该这么做。这是我的一部分，是一个我能用幽默手法处理的主题。

同性恋人群的权利当然只是六十年代民众坚持争取的自由之一，但却是在所有社会的人权背景中都极具挑战性的内容。当时的人权问题所关注的基本是建立在性别、宗教或种族之上的歧视，而在第二次世界大战之后，人们已经达成普遍共识：这种歧视是错误的。但在另一方面，对待性取向和性行为的态度却全然不同。事实上，联合国于一九四八年颁布的《世界人权宣言》中压根儿没提这一点。最终，霍克尼和持相同立场的活跃分子改变了陈见，坚定地将性方面的问题带入了欧美人权领域。他们的运动使一些国家修订了法律，但在很多地方，这种背离主流的私人性行为仍被认定有违宗教观念，或是对社会具有威胁，或被视为犯罪行为而受到惩罚，甚至被处死。

二〇〇八年，联合国常任理事会发表了新的声明，谴责所有基于性取向和性别认同而进行的杀戮、处决、酷刑和任意逮捕。这项声明得到了超过五十个国家的支持，但也引发了反对方的另一份声明，因此，这一提案仍未正式通过。

霍克尼的画作只有寥寥数笔，几抹黑色线条勾勒出墙壁和毯子。没有什么能告诉我们这张床到底位于何处，我们甚至不知道这两个年轻人究竟是真实存在的还是虚构的。这幅无确指性的画作提醒我们，性虽然是一种私人行为，却是为全人类所共享的。但另一方面，社会对这一行为的态度却并未达成共识。四十年过去了，人权战线上依然硝烟四起：世界远没有我们乐观想象的那样全球化。

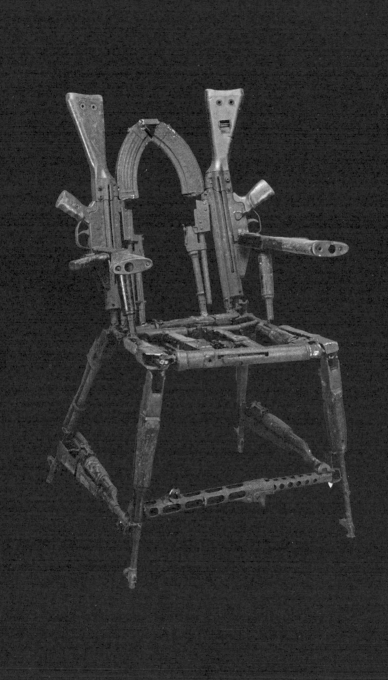

98

武器王座

使用武器部件制作的椅子，来自莫桑比克马普托
公元二〇〇一年

　　下面将要讲述的这件物品，它虽记录了战争，却并非为了歌颂战争或发动战争的统治者，就这个意义而言，它在我们整部书中是前所未有的。武器王座是一把用不同枪支的零部件拼成的椅子，这些枪支制造于不同的国家，之后流入非洲。如果说批量生产和大众消费是十九世纪的主要特征，那么二十世纪则以大规模战争和屠杀著称：两次世界大战，斯大林的大清洗运动，犹太人大屠杀，广岛核爆炸，柬埔寨屠杀场，卢旺达惨案……简直不可尽数。如果非要为这些大灾难找出一片小小的光明面，那么得说，二十世纪前所未有地清楚记录下了战争中普通民众所承受的莫大痛苦，记录了那些为战争付出生命的士兵和百姓。无名烈士墓遍布世界各地，武器王座也是遵循这一传统的产物。它是莫桑比克内战中所有死难者的纪念碑，记录了战争对一个国家乃至整个非洲犯下的罪行。最非同寻常的是，这样一件纪念品、一件艺术品，却向我们陈述着希望与决心。武器王座是人类的悲剧和胜利不分彼此的写照。

　　本书的这最后几节将记述在十九世纪一度昌盛壮大的帝国的衰退，以及新的全球意识形态和国家身份的兴起。这一切在后殖民时代的非洲上演得最为血腥。十九世纪后期的非洲争夺大战，主要以英、法、葡三国殖民势力瓜分非洲作结，德国、意大利、西班牙和比利时亦分得一杯羹。第二次世界大战结束后，非洲大陆上的独立运动风起云涌，各国在六十

年代后逐渐赢得了独立。但在脱离欧洲势力的过程中，它们仍然经历了一番痛苦的斗争。独立通常要诉诸战争，因此多会导致新生国家的内乱，甚至是内战。对此，加纳外交官、前联合国秘书长科菲·安南在个人经历和工作经历中都有所体会：

> 我觉得我们必须首先看到一个前提：这些国家大部分都没有任何统治经验，因而治理国家、处理问题时，几乎凡事都要从零开始。这些国家的历史上有过公务人员，但几乎没有人真正懂得该如何领导或管理国家。我认为，争取独立和治理国家所需要的能力并不相同。但人们总是自然地预设，那些为独立而战的人做好了管理国家的准备。因此，他们在这方面有很多需要学习的东西，而族群间的猜忌，即认为某个部落或团体得到了相对多的利益，常会导致紧张关系以及对稀有资源的争夺，暴力与冲突便时有发生。

这些脆弱而缺乏经验的政府要么向东方共产主义阵营寻求支援，要么投靠西方资本主义阵营，而这两大阵营都渴望扩充自己的队伍，因此，十九世纪的非洲领地之争到二十世纪演变成了意识形态之争，结果导致数量可观的武器流入这片大陆，一系列血腥内战由此拉开序幕。莫桑比克内战便是其中最惨烈的一役。

这把王座完全由枪支的零部件搭成，但其形状却类似传统的木椅——那种通常会被放在厨房或餐桌旁的家用椅，不过这也是它唯一的传统之处。组成这把椅子的枪支串联起了莫桑比克整个二十世纪的历史。最古老的是两把老式的葡萄牙式G3步枪，它们被用作了椅背，真是恰如其分，因为莫桑比克正是在一九七五年推翻葡萄牙近五百年的殖民统治后才取得了独立。当时，左翼抵抗势力莫桑比克解放阵线在苏联及其盟国的扶持下赢得了胜利。这解释了为什么椅子其余部分的材料都生产于共产主义阵营：扶手来自苏联的AK-47，椅座则是波兰和捷克斯洛伐克的步枪，一条前腿是朝鲜自动步枪的枪管。这是家具形式的冷战，体现了东方阵营在非洲以及全世界扩大共产主义影响的努力。

莫桑比克解放阵线于一九七五年掌权之后，莫桑比克这一新生国家成了信仰马克思与列宁主义的国度，它公开表态与邻国为敌，包括白人控制的罗得西亚，即今天的津巴布韦，以及实行种族隔离的南非。作为回应，罗得西亚和南非发起并扶持了对方的敌对组织津巴布韦民族抵抗运动，试图颠覆新政权。因此，在莫桑比克独立后的头十年里，国内经济崩溃、战乱血腥。组成王座的枪支便是在内战中使用过的。它们造成了一百万人死亡，数百万人流离失所，留下了三十万嗷嗷待哺的战争孤儿。十五年后，和平才最终降临。一九九二年双方进行了协商，领导民众开始重建国家。战争业已结束，但留下了许多枪械。正如安南所了解的那样，让习惯战争生活的一代人回归和平安宁的社会是极为艰难的，因为很多士兵除了打仗什么都不会：

> 这让我想起在塞拉利昂的冲突中，有很多娃娃兵上了战场。他们只有八岁或十岁，背上的 AK-47 步枪几乎和他们一般高。他们是被训练来杀人的。我曾以联合国维和行动负责人的身份与一些维和人员一起前往塞拉利昂，试图找出解救这些孩子的方法，训练他们为冲突结束后的生活做好准备。
>
> 一个社会一旦想处理好自己的过去，就必须解决两大至关重要的问题。一是要有能力进行调停，二是要审视社会并自问"发生了什么？""我们怎么走到这一步的？""要怎么做才能保证这些恐怖事件不再重演？"等等。

莫桑比克面临的最大问题，便是如何让数百万支留存于世的枪支退役，并帮助这些昔日的士兵及其家人回归正常生活。武器王座成了这一重建过程中激励人心的要素。它是至今仍在进行的"将武器变成工具"这一和平项目的产物。该项目通过政府提出赦免条件，让交战双方自愿将上过沙场的武器上缴，以换取一些积极实用的工具——锄头、缝纫机、自行车、建材等等。对老兵们来说，交枪不啻壮举，对家人乃至整个国家都有重大意义。这一项目帮助民众摆脱了对枪支的依赖，破除了困扰莫桑比克多年的暴力文化。它甫一启动便收到了超过六十万件武器，它们被转交给艺术家，在被作废之后制成了塑像。该项目的赞助人、莫桑比克独立后首任总统萨莫拉·马歇尔的遗孀、如今为纳尔逊·曼德拉之妻的格拉萨·马歇尔曾说，项目意在"从年轻人手里收走死亡工具，为他们创造致富机会"。同时，枪支本身也变成了艺术品。这一项目于一九九五年由莫桑比克基督教理事会的圣公会主教迪尼斯·申居伦发起，并得到了基督教互助会的支持：

> 这一项目旨在解除民众脑中和手里的武装。为什么这个世界竟有人挨饿，为什么这个世界竟有医药短缺？而与此同时，能动用的钱几乎会立刻用于武器装备的开销，数目之巨我只能用震惊来形容。
>
> 我认为自己应该为创造和平尽一份力。当然，我们有《圣经》里的《弥迦书》和《以赛亚书》作依据，里面说，他们将铸剑为犁，人们会坐在树下，无忧无惧。
>
> 我们发现有许多纪念物都是歌颂战争的，也知道它们都是由艺术家创造的，因此我们邀请了一些艺术家，并问他们："你们能否发挥才能来歌颂和平？我们有很多枪，你们能不能想办法利用枪的部件来传达和平的信息？"在这样的背景下，艺术家们开始打造各种艺术品，作品之一便是这把武器王座。

武器王座出自一位名叫凯斯特的莫桑比克艺术家之手。他选择制造一把椅子并称之为王座，这立刻带给人一种特别的讯息。椅子不同于凳子，它在传统的非洲社会极为罕见，通常为酋长、王子与国王专属，因此它的的确确是王座。但这把王座并不是给某个人坐的。它不属于某位统治者，而是传达出新莫桑比克的治国理念——和平调解。

正因为这件物品被塑造成椅子的形象，它带给我一种别样的感伤。

谈及椅子的时候，我们总会用拟人化形容，比如会说它的腿、（扶）手和（椅）背。毕竟，它们的设计目的就是为了贴合人类的形体，它们也几乎成了活着的人的隐喻。而制作这把椅子的武器却常常造成人的背部、手臂、腿脚伤残，因此格外令人不安。

凯斯特的家族中也有成员在冲突中致残：

> 我本人并没有受到内战的直接影响，但我有两个亲人失去了腿。一个踩在地雷上被炸断了一条腿。另一个是我的表亲，他为莫桑比克解放阵线战斗，也失去了一条腿。

但凯斯特创作这把椅子的目的意在传达希望。两把步枪的枪托构成了椅背。如果你仔细观察，上面似乎各有一张面孔，一对螺钉孔是眼睛，一条皮带长孔则是嘴。它们看起来似乎在微笑。凯斯特注意到了这种意外的视觉效果，于是决心对其加以发挥，从而否定枪支的主要功用，并赋予这件艺术品一个基本的内涵，他有如下解释：

> 我们之间再也没有任何冲突。笑脸不是我雕刻出来的，而是枪托本身的一部分。螺钉孔和用来挂枪支的枪带痕迹都是原有的。因此我选择了最具表现力的枪支和武器。在顶部你能看到一张笑脸，还有另一张在另一杆枪托上。它们好像在向对方微笑着说："我们自由了。"

HSBC
Amanah
Gold
1234 1234 1234 1234
4249
VALID THRU 06/11
TARIQ ADEL
VISA

99

信用卡

发行于阿联酋
公元二〇〇九年

如果你去问问别人，二十世纪对人类日常生活影响最大的发明是什么，他们的第一反应恐怕是电脑或手机，在第一时间，多数人并不会想到他们钱包里那张长方形的小塑料片。但自从二十世纪五十年代末以来，信用卡等银行卡便成为现代生活的基本组成部分。银行借贷有史以来第一次不再是贵族的特权。在一些人眼中，它是带给数百万人经济自由的终极象征，也有人认为它代表着欧美消费文化的胜利，此外——也许正是因此——金钱的使用与滥用所导致的长期潜在的宗教和道德问题也随之复苏。

在前两节中，我们审视了性和战争，这一节将谈及人类生活中的第三大常数：金钱。金钱贯穿着整个人类史，从传奇巨富、吕底亚国王克罗伊斯的金币（第 25 节），到中国明朝开国皇帝发行的纸币（第 72 节），再到第一种世界性货币西班牙国王的八里尔银币（第 80 节）。现在要登场的则是货币的现代形式——塑料卡。

现代信用卡最早出现在美国，二十世纪早期的零售借贷计划便是它的雏形。二战结束之后，美国取消了战时的借贷限制，引发了信用贷款热潮。全球第一张通用借记卡是一九五〇年诞生的大莱卡。之后在一九五八年，首张名副其实的信用卡问世，它由银行签发，并得到了各行各业的广泛承认。它就是美国银行信用卡，即 VISA 的前身，也是第一张以塑料制成的通用信用卡。但直到二十世纪九十年代，信用卡才真正传播到北美与英国以外的地区，在全球通行。

当然，信用卡本身并非货币，它只是一件塑料物品，作为消费、转账和保证偿还的媒介使用。如今，比起实实在在的纸币或硬币，金钱更多地被表现为账单与发票上的数字。几乎不会有人亲眼见到自己的大部分积蓄被换成现金，即便在银行的保险库里。日常使用的信用卡与借记卡让我们逐渐了解，货币已失去了其基本的物质形式。通过这些银行卡花去的总是崭新的、从未被使用过的钱币。我们也得以不受国界限制，在世界任何角落即刻调用自己的资金。之前我们所看到的硬币或纸币上都有国王或国家的标记，而银行卡在设计上并没有反映任何统治者或国家，除有效期限外，它的使用也不受任何限制。这种新生货币是超越国界的，也看似征服了全世界。不过，甚至是信用卡也保留了一些传统货币的特征：本节中的这张卡片便热切地表现出它是一张"金卡"。

信用卡的功能自然是保证付款。就算在完全陌生的环境里，人们也相信对方最终会支付款项。在英格兰银行行长默文·金看来，信用卡不过是为一个古老的问题提供了新的解决方式：

> 对所有用于金融交易的卡片或货币来说，最紧要的是其可接受性，即交易的另一方对它抱有的信任度。关于信用的重要性，我可以用一个反例来证明：二十世纪九十年代，阿根廷经济崩溃，政府决定不偿还国债，致使货币变得一文不值，于是在国内的一些小村庄里，借条越来越多地成了纸币的替代品。但借条的重点在于，借方必须信任贷方，而这种信任并非永远有保障。因此，在这些村庄，有人会把借条带到当地的神父处，委托他做担保。这是宗教被用于解决世俗事务的例子，但同样也表现了人借助宗教增强物质工具的信任度的做法。

没有哪个神父能在全球范围内为我们的借条做担保，因而我们使用全球

这张汇丰银行发行的信用卡同时印有英文与阿拉伯文

通行的信用卡。

本节中的这张金卡的发行者为总部位于伦敦的汇丰银行，其全称是香港上海汇丰银行有限公司。该卡获得了总部位于美国的信用卡联盟组织 VISA 的支持，卡面还印有阿拉伯语。简言之，它便捷地与全世界相连，是全球经济体系的一部分——通过背面复杂的电子结构运作，这一点恐怕大多数人在输密码时都不会想到。每一笔信用卡交易都被追踪并记录在案，构建起复杂的活动档案，在世界另一端为我们的经济活动写下传记。

现代银行的规模比人类历史上已知的任何机构都要庞大，它们的影响力超越国界遍及全球。正如默文·金强调的：

不管是借助国际银行发行的信用卡还是银行提供的其他服务，大范围金融交易的开展都促成了一些跨国机构的诞生，其规模已超出国家机构能够控制的范围。而它们一旦陷入财务困境，就会造成巨大的经济混乱，还好这种情况并不多见。

过去，统治者可以对自己的债务置之不理，放任银行倒闭。但在今天，让政府垮台显然比让银行倒闭容易得多。

信用卡的多种特点无须赘述。世界上每一张信用卡都拥有全球认可的标准尺寸和形状，以便插进所有如今已经遍布世界的"墙上的插孔"。从某一方面来说，银行卡与传统的货币也有相同之处：它们都有两面，每一面都包含重要信息。卡的背面有一道磁条，这是电子认证系统的部件，让我们能够在全球范围内相对安全地调动资金，保证即时流通、即时交易与即时满足。许多卡片如今拥有了更为复杂的电子部件，即微芯片。微技术是近几十年内的伟大技术成就，正是它让信用卡得以在全球通行，跨国银行随之兴起。这黑色的小磁条是本节中的英雄，也许又是恶棍，总之，可导致众多结果。

对多数人来说，信用卡提供了一项空前的功能：无需传统的典当或借高利贷的方式便可实现借贷。但机会也不可避免会带来风险。宽松的借贷方式破坏了节俭等传统价值观，因为信用卡让你不必预先储蓄便可以消费。因此，它会引得道德家关注并被列为危险品、罪恶之物也就不足为奇了。毫无疑问，信用卡会刺激消费者的购买欲，促使其消费超出自己的承担能力。因此，就银行业务的这一领域所带来的道德和宗教问题的辩论迅速升温。

说起来会引人惊讶，这张卡本身也体现了宗教性。卡正面中部有一道红色回纹装饰，看起来像排列在长条状图案里的中空的星形，不禁令人回想起我们之前讨论过的一件物品：苏丹鼗鼓，它被带到信仰伊斯兰教的苏丹北部后，其中一侧被刻了伊斯兰标记，用以向新世界宣布它的归属。这张卡片上的类似图案也表达了类似的用意。它并非由汇丰银行总部，而是由汇丰伊斯兰银行签发，而该行必须遵循伊斯兰教义。

所有天启宗教都担心高利贷，即放贷取利这种社会恶习会让穷人逐渐债台高筑，最终贫困潦倒。《圣经》和《古兰经》中对高利贷都有直接训示。《利未记》中的告诫是："你借钱给他，不可向他取利；借粮给他，也不可向他多要。"《古兰经》中的文字也十分尖锐："吃利息的人，要像中了魔的人一样，疯疯癫癫地站起来。"

因此，犹太教、基督教和伊斯兰教与这一先进金融体系的伦理，包括钱财与商品、钱财与劳动的分离，尤其是鼓励借贷会给社会带来的种种后果进行着斗争。这一持续千年的关注最近的表现是，奉行伊斯兰教教义的伊斯兰银行系统在九十年代后兴起。伊斯兰银行如今在超过六十个国家范围内提供合乎其教义和社会行为规范的服务。汇丰银行伊斯兰分部的全球副总裁拉齐·法基解释说：

> 在伊斯兰世界里，金融是一个新兴行业。传统的银行和金融业起源甚早，而伊斯兰金融在二十世纪六十年代才始于埃及，以我之见，直到九十年代才步入真正的发展期，因此只有不足二十年的历史。

这张信用卡当然是中东经济影响力扩大的产物，同时也表明了另一桩事实：银行业的这一发展与整个二十世纪人们公认的判断背道而驰。法国大革命之后，包括卡尔·马克思在内的大部分学者与经济学家都认为，宗教对公共生活的影响力会渐次减退，长远来看，神的力量会让位于财富的力量。但在二十一世纪头十年便出现了让人惊讶的事实，其一便是：在全球多个地区，宗教重返经济与政治舞台的中心。我们的金卡也在这一不断发展的全球现象中占据了一个微小而又意味深长的位置。

100

太阳能灯具与充电器

制造于中国广东省深圳市
公元二〇一〇年

本书所讲述的世界史该如何作结？哪一样物品不但能总结二〇一〇年的世界，彰显人类的关切与渴望、代表人类的普遍经历，并且十分实用，就物质方面而言对世界上大多数人具有重要意义？

如果放到未来，这一选择必定会毫无争议。我敢肯定，二一一〇年的大英博物馆馆长必然很清楚该怎样做出合理选择，并会对我们今日的决定报以微笑，甚至嗤之以鼻。那时候，人们已经完全明了是哪些重大事件或发展塑造了二十一世纪的头十年。而我们则必须在无知的情况下做出选择。

我们曾考虑是否该选择一件来自南极洲的物品。那片土地是这一星球上最后为人类踏足的，也是人类自走出非洲以来所到达的最后一个定居地。能够在那里存活下来，全靠人类制造出的工具。因此，一套以在南极洲生活和工作为目的而制造的服装能够象征人类作为工具制造者的困境：我们通过我们制造的物品征服了环境，但为了日后的生存，我们却必须完全依赖它们。不过，选择为至多数千人在地球上最不宜居的地区生存而设计的服装作为人类努力的高峰，似乎有失偏颇。

二十世纪后半叶人类最为瞩目的行动当数数以百万计的人移居到城市，其中不乏长距离的迁徙。这些移民改变了世界人口分布，创造出全球化城市的全新面貌：来自各大洲的居民紧密地、通常也相对和谐地生活在一起。举例来说，伦敦一地的居民所使用的母语就超过三百种。人在迁移时不免会丢弃点什么，但他们基本不会抛弃各自的饮食习惯；就饮食方面而言，人性是始终如一的。因此，我们考虑过用一系列厨具来充当第一百件物品，借以一窥世界大都市中饮食与文化惊人的多样性。不过鉴于前文已多次提及数千年来饮食、烹饪和城市的发展，其中基尔瓦岛上来自世界各国的陶器碎片（第60节）也反映出各地的烹饪世界早在千年前便已有交集。因此，厨具也被排除了。

另有一种世界共享的爱好：足球。二○一○年最热门的事件无疑是在南非举行的世界杯。运动一直在历史上发挥着团结各社群的作用，如墨西哥的仪式性球赛腰带（第38节）。如今，足球似乎连接起了整个世界：西非的足球明星为俄罗斯商人所有的英国俱乐部效力，其队服在亚洲生产，又出售到南美洲，为当地人穿着。因此，我们的博物馆藏品中也有球服，它愉悦地讲述着人类现状，但也许无从反映出人类的未来。

最终我们断定，这第一百件物品应当是科技产品，因为层出不穷的新产品年复一年地改变着人们交流和处理自身事务的方式。手机，更确切地说是智能手机，便是个好例子。这一大小几乎与人类首次尝试远距离交流所使用的工具——美索不达米亚的黏土板——相当的物品，改变了人类的书写方式，让手机短信用语成为新型楔形文字。它在瞬息之间便将全球各地的数百万人联结起来，在大规模召集人群方面比任何战鼓都更有作为。网络所及之处，人类的知识领域被极大地拓展，远远超过了启蒙时期的设想。在发达社会中，没有手机的生活简直无法想象，但是，它们要发挥效用完全依赖电力。没有电，手机一无是处。

因此，我们的第一百件物品是一台发电设备，它为十六亿用不上高压输电网络的人提供了加入全球对话所需要的电力。当然，它的功能远不止于此。它还帮助人更有效地控制所处的环境，改善生活方式。它便是太阳能灯具。

被大英博物馆纳为馆藏的这盏灯其实是一套照明设备，包括一盏含单节六伏可充电电池的塑料灯和一小块独立太阳能板。灯带有一个把手，整体大小和大号咖啡杯相差无几。太阳能板的大小则如同那种通常被摆在桌上或床头的小型银相框，它在烈日下暴晒八小时后，便能提供长达一百小时的稳定的白光照明，光线最强时能照亮整个房间，足够一个未通电的家庭展开一种全新的生活。整套设备售价约为二千二百五十卢比（合四十五美元），价格虽然远不如普通灯盏四百九十九卢比（合十美元）来得低廉，但它的好处在于只需要阳光。

太阳能板将光转化为电力。如果人类能更有效地利用太阳能，一切能源问题都将迎刃而解。地球每小时获得的太阳能远远超过全世界人口一整年消耗的能量。太阳能板是最简单而实用地将无尽的太阳能转化为清洁、可靠及廉价能量的方式。

太阳能板由一组硅太阳能电池组成，它们彼此相连，组装在塑料和玻璃盒中。在阳光下暴晒时，太阳能电池能够生成电力，对电池进行多次充电。这套设备选用了一系列近年来变革我们生活的技术：它的基本材料是塑料；太阳能电池所使用的硅芯片技术也被运用在个人电脑和手机上；可充电电池也是较新的发明。所以这种看似技术含量不高的能源来源，实则集多种惊人的高科技元素于一体。

从电灯的层面来说，这是一种廉价而令人愉快的解决基本能源需求的方式。这项技术是适度能源的一种经济又持久的来源。"适度"极其关键。因为尽管硅十分廉价，阳光完全免费，若想产出足够富裕国家每小时需求的巨额电量仍然造价高昂；因而，看似矛盾的是，这项技术对富人来说价格高昂，对穷人则绝对低廉。

世界上最贫困的人口中，有很大部分居住在阳光最充足的纬度，也正是因此，这种新能源在南亚、非洲撒哈拉以南地区以及美洲热带地区尤为重要。几瓦电力便能大大改善贫困家庭的生活。对生活在热带的人来说，电力的缺乏会导致一天早早结束。因为夜间照明通常依靠蜡烛或煤油灯，而蜡烛光线昏暗不耐久，至于煤油，且不论其平均开销占非洲农村收入的20%左右，还会释放有毒的烟雾。煤油灯和炉灶每年都会夺走多达三百万人的性命，其中多为女性，因为毒气在封闭的烹饪过程中危险性更大。这些地区的房屋又通常由木头等高度易燃的天然材料建成，一旦煤油泼溅，便埋下极大的火灾隐患。

太阳能电池板几乎全方位地改变了这样的生活。家里可免费获得灯光，意味着孩子，也包括成年人，可以在夜晚学习，提高教育水平，为未来增添可能性。家宅也会成为更安全的场所。较大的太阳能板可以提供做饭所需的能源，让所有人远离毒气与火的危害，此外也能支持冰箱、电视、电脑和水泵。城市的便利设施也因此渐渐进入了乡村。

本节中这套简单的太阳能设备当然无法实现上述所有功能。但它能提供的也不只是光明，还有某种意义重大的东西。插口旁有一个尽人皆知的符号——手机的轮廓。手机改变了亚洲与非洲的乡村，使交流更加便利，并提供工作与市场形势等信息，为非正式而高效的融资网络提供了平台，使当地商业得以在几乎零投资的情况下运作。

近期一项针对印度喀拉拉邦沙丁鱼渔民的调查印证了手机带来的改变。它提供天气预报，使出海更安全，它显示市场信息，则能减少浪费，利润平均增加8%。另一项针对南亚手机使用情况的调查表明，临时工、农民、妓女、人力车夫和小商贩的收入在借助手机之后均得到了大幅提高。而太阳能板可以在世界上最贫困的地区不断提高手机的普及率。

这项技术奇迹般地为我们的健康、安全、教育、交流和商业等方方面面带来了好处。它避免了大量昂贵设施的投入，虽然它需要一笔购买费用，但随着小额贷款计划的逐渐推广，分期付款变得越来越普遍，因此这样一盏灯的花费可以在一两年内通过节省煤油开支而抵销。随着这种低成本、清洁又环保的技术的推广，它将给世上最贫困的人群创造无限机会。

它也许还有助于保护环境：太阳能大概是解决我们过分依赖石油燃料并由此引发气候变化问题的一大方法。这一可能性早在百年前便已被人清晰地阐释过，而我们如今依赖电能的生活方式也要归功，或归咎于这个人——托马斯·爱迪生，他发明了电灯等电器设备，同时对可再生资源也有出人意料的洞见。一九三一年，他对朋友亨利·福特和哈维·费尔斯通说："我会把钱都投在太阳和太阳能上。这是多了不起的能源啊！但愿人类不会等到石油和煤炭都枯竭的那天才找到开发它的办法。"

太阳能似乎是这部世界史不错的结尾。太阳能板使人更平等地享有生活中的机会，同时有可能让我们在享受生活的同时避免伤害地球。这一未来梦想呼应着那个最深刻而又普遍的人类神话，即太阳赋予人类生命。你可以将本节中的太阳能灯看作是对神话"盗火种的普罗米修斯"谦逊的呼应，只不过他沦为了厨房中的好帮手。

人类找到了将夏季水果进行防腐罐装并加以保存的方法，因此在寒冬也有夏日的温暖和营养相伴。同样，每个人都梦想过收集阳光，随心所欲地使用它的光明和能量。在埃及大祭司的陪葬品中，便有一只象征太阳再生之光的圣甲虫（第1节），能够驱散冥界的黑暗。换作今日，他也许会考虑带上太阳能灯，以备不时之需。

这第一百件物品带我们走到了本书所讲述的世界史的终点。如若选取别的物品，可能会道出不同的故事，沿着不同的道路前进，而且有无限种可能性。但我仍希望这本书能够展示出物品一定的力量，让我们即刻与生活在遥远时空中的人相连接，让所有人都能在共同的故事里发出自己的声音。对此阿马蒂亚·森认为：

> 当我们审视世界历史之时，一定要清楚，我们所见的并非不同文明的截面抑或它们被一一分离状态下的历史。这一认识十分重要。因为文明间存在着可观的接触，它们彼此具有内在的联系。我以为世界历史并非一部文明史，它应当是有同有异、始终互动的世界多种文明的演变史。

最后，我希望这本书能让大家了解，"人类一家"并不是一个华而不实的譬喻。不管这个家庭通常表现得多么功能不良，整个人类总是拥有共同的需求与关注，恐惧与希望。这些文物让我们不得不承认，自先祖走出非洲，去往世界各地繁衍生息以来，一代又一代的人并没有出现太大的改变。不管是石头、纸、黄金、羽毛还是硅，人类必定还会不断创造出各种塑造或反映自身世界的物品，它们将帮助后人定义今日的我们。

Map 地图

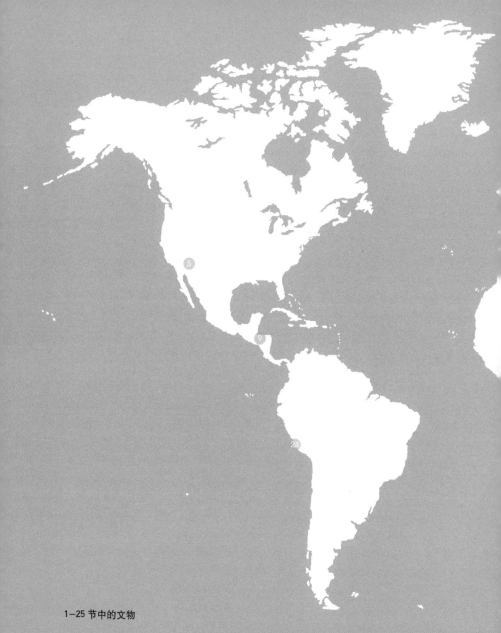

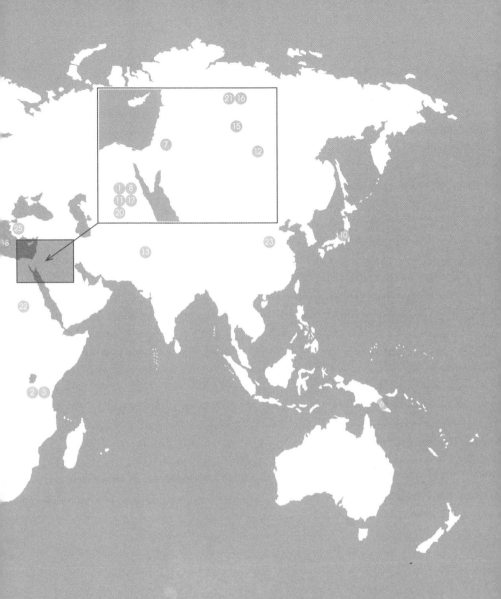

76–100 节中的文物

文物清单

	文物名称	规格	馆藏号
1	大祭司的木乃伊	高：194.5 cm／宽：60 cm	.6678
2	奥杜威石制砍砸器	长：9.3 cm／宽：8.1 cm／厚：7.2 cm	1934,1214.1
3	奥杜威手斧	长：23.8 cm／宽：10 cm／厚：5 cm	1934,1214.49
4	游泳的驯鹿	高：3 cm／宽：20.7 cm／厚：2.7 cm	Palart.550
5	克洛维斯矛尖	长：2.9 cm／宽：8.5 cm／厚：0.7 cm	1962,1206.137
6	鸟形杵	长：36.2 cm／宽：15 cm／厚：15 cm	Oc1908,0423.1
7	安萨哈利情侣雕像	高：10.8 cm／宽：6.2 cm／厚：3.8 cm	1958,1007.1
8	埃及牛的黏土模型	高：10 cm／宽：30 cm／厚：15.3 cm	1901,1012.6
9	玛雅玉米神像	高：90 cm／宽：54 cm／厚：36 cm	Am1923,Maud.8
10	绳纹陶罐	高：15 cm／宽：17 cm	OA+.20
11	丹王的凉鞋标签	长：4.5 cm／宽：5.4 cm	1922,0728.2
12	乌尔旗	长：21.5 cm／宽：12 cm／厚：49.5 cm	1928,1010.3
13	印度印章	高：2.4 cm／宽：2.5 cm／厚：1.4 cm	1892,1210.1
14	玉斧	长：21.2 cm／宽：8.12 cm／厚：1.9 cm	1901,0206.1
15	早期写字板	长：9.4 cm／宽：6.8 cm／厚：2.3 cm	1989,0130.4
16	大洪水记录板	长：15 cm／宽：13 cm／厚：3 cm	K.3375
17	莱因德纸草书	长：32 cm／宽：295.5 cm	1865,0218.2（大）
		长：32 cm／宽：119.5 cm	1865,0218.3（小）
18	米诺斯跳牛飞人	高：11.1 cm／宽：4.7 cm／厚：15 cm	1966,0328.1
19	莫尔德黄金披肩	长：23.5 cm／宽：46.5 cm／厚：28 cm	1836,0902.1
20	拉美西斯二世雕像	高：266.8 cm／宽：203.3 cm	.19
21	拉吉浮雕	高：269.2 cm／宽：180.3 cm	1856,0909.14
22	塔哈尔卡的狮身人面像	高：40.6 cm／宽：73 cm	1932,0611.1
23	中国西周康侯簋	高：23 cm／宽：42 cm／厚：26.8 cm	1977,0404.1

24	帕拉卡斯纺织品	长：8 cm / 宽：8 cm	Am1954,05.563
			Am1954,05.565
			Am1937,0213.4-5
25	克罗伊斯金币	长：1 cm / 宽：2 cm	RPK,p146B.1sam
26	奥克苏斯双轮战车模型	高：7.5 cm / 厚：19.5 cm	1897,1231.7
27	帕台农雕像	高：134.5 cm / 宽：134.5 cm / 厚：41.5 cm	1816,0610.12
28	下于茨酒壶	高：39.6 cm / 宽：19.5 cm	1929,0511.1-2
29	奥尔梅克石制面具	高：13 cm / 宽：11.3 cm/ 厚：5.7 cm	Am1938,1021.14
30	中国铜钟	高：55 cm / 宽：39 cm / 厚：31.5 cm	OA1965,0612.1
31	带亚历山大头像的银币	直径：3 cm	1919,0820.1
32	阿育王柱	高：12.2 cm / 宽：32.6 cm / 厚：7.6 cm	1880.21
33	罗塞塔石碑	高：112.3 cm / 宽：75.7 cm / 厚：28.4 cm	.24
34	中国汉代漆杯	高：6 cm / 宽：17.6 cm / 厚：12 cm	1955,1024.1
35	奥古斯都头像	高：46.2 cm / 宽：26.5 cm / 厚：29.4 cm	1911,0901.1
36	沃伦杯	高：11 cm / 厚：11 cm	1999,0426.1
37	北美水獭烟斗	高：5.1 cm / 宽：10 cm / 厚：3.3 cm	Am,S.266
38	仪式性球赛腰带	长：12 cm / 宽：39.5cm/ 厚：50 cm	Am,ST.398
39	女史箴图	长：24.3 cm / 宽：343.7 cm	1903,0408,0.1
40	霍克森胡椒瓶	高：10.3 cm / 宽：5.7 cm / 厚：4.2 cm	1994,0408.33
41	犍陀罗佛陀坐像	高：95 cm / 宽：53 cm / 厚：24 cm	1895,1026.1
42	鸠摩罗笈多一世金币	直径：1.9 cm	1894,0506.962
43	沙普尔二世银盘	高：12.8 cm / 宽：11.5 cm / 厚：2.6 cm	1908,1118.1
44	亨顿圣玛丽马赛克	高：810 cm / 宽：520 cm	1965,0409.1
45	阿拉伯铜手	高：18.5 cm / 宽：11 cm / 厚：2.6 cm	1983,0626.2
46	阿卜杜勒·马利克的金币	直径：1.9 cm	1874,0706.1
47	萨顿胡头盔	高：31.8 cm / 宽：21.5 cm	1939,1010.93

48	莫切武士陶俑	高：22.5 cm / 宽：13.6 cm / 厚：13.2 cm	Am,P.1
49	新罗瓦当	高：28 cm / 宽：22.5 cm / 厚：6 cm	1992,0615.24
50	传丝公主画版	高：12 cm / 宽：46 cm / 厚：2.2 cm	1907,1111.73
51	玛雅宫廷放血仪式浮雕	高：109 cm / 宽：78 cm / 厚：6 cm	Am1923,Maud.4
52	后宫壁画残片	长：14.4 cm / 宽：10.2 cm / 厚：3 cm	OA+.10621
		长：11 cm / 宽：10.5 cm / 厚：2.7 cm	OA+.1062
53	洛泰尔水晶	宽：18.6 cm / 厚：1.3 cm	1855,1201.5
54	度母雕像	高：143 cm / 宽：44 cm / 厚：29.5 cm	1830,0612.4
55	唐代墓葬俑	（最高的）高：107.7 cm / 宽：49 cm / 厚：25 cm	1936,1012.220–229 1936,1012.231–232
56	约克郡河谷宝藏	（碗）高：9.2 cm / 宽：12 cm	2009,4133.77–693 2009,8023.1–76
57	海德薇玻璃杯	高：14.3 cm / 宽：13.9 cm	1959,0414.1
58	日本铜镜	直径：11 cm	1927,1014.2
59	婆罗浮屠佛陀头像	高：33 cm / 宽：26 cm / 厚：29 cm	1859,1228.176
60	基尔瓦陶器碎片	（最大的）长：12.5 cm / 宽：14 cm / 厚：2.5 cm	OA+ .916
61	刘易斯棋子	（最高的）高：10.3 cm	1831,1101.78–144
62	希伯来星盘	高：11 cm / 宽：9 cm / 厚：2.1 cm	1893,0616.3
63	伊费头像	高：35 cm / 宽：12.5 cm / 厚：15 cm	Af1939,34.1
64	大卫对瓶	高：63.6 cm	PDF,B.613 -4
65	泰诺仪式用椅	高：22 cm / 宽：14 cm / 厚：44cm	1949,22.118
66	圣荆棘之匣	高：30 cm / 宽：14.2 cm / 厚：6.8 cm	WB.67
67	正信凯旋圣像	高：37.8 cm / 宽：31.4 cm / 厚：5.3 cm	1988,0411.1
68	湿婆与雪山女神像	高：184.2 cm / 宽：119.4 cm / 厚：32 cm	1872,0701.70
69	瓦斯特克女神雕像	高：150 cm / 宽：57 cm / 厚：14 cm	Am,+.7001
70	复活节岛雕像	高：242 cm / 宽：100 cm / 厚：55 cm	Oc1869,1005.1

71	苏莱曼大帝的花押	高：45.5 cm / 宽：61.5 cm	1949,0409,0.86
72	明代纸币	高：34 cm / 宽：22.2 cm	CIB,EA.260
73	印加黄金美洲驼	高：6.3cm / 宽：1.5 cm / 厚：5.5 cm	Am1921,0721.1
74	翡翠龙杯	高：6.4 cm / 宽：19.4 cm	1959,1120.1
75	丢勒的《犀牛》	高：24.8 cm / 宽：31.7 cm	1895,0122.714
76	机械帆船	高：104 cm / 宽：78.5 cm / 厚：20.3 cm	1866,1030.1
77	贝宁饰板	高：43.5 cm / 宽：41 cm / 厚：10.7 cm	Af1898,0115.23
78	双头蛇	高：20.5 cm / 宽：43.5 cm / 厚：5 cm	Am1894,-.634
79	柿右卫门瓷象	高：35.5 cm / 宽：44 cm / 厚：14.5 cm	1980,0325.1-2
80	八里尔银币	直径：4 cm	1920,0907.382
			1950,0805.1
			1956,0604.1
			1990,0920.31,
			1991,0102.61
			1906,1103.1951
81	什叶派宗教游行仪仗	高：127 cm / 宽：26.7 cm / 厚：4.5 cm	1888,0901.16-17
82	莫卧儿王子细密画	高：24.5 cm / 宽：12.2 cm	1920,0917,0.4
83	皮影戏偶比玛	高：74.5 cm / 宽：43 cm	As1859,1228.675
84	墨西哥手绘地图	高：50 cm / 宽：77 cm	Am2006,Drg.22070
85	宗教改革百年纪念 宣传画	高：28.4 cm / 宽：34.7 cm	1880,0710.299
86	阿坎鼓	高：41 cm / 厚：28 cm	Am,SLMisc.1368
87	夏威夷羽毛头盔	高：37 cm / 宽：15 cm / 厚：30 cm	Oc, HAW.108
88	北美鹿皮地图	高：126 cm / 宽：100 cm	Am2003,19.3
89	澳大利亚树皮盾牌	高：97 cm / 宽：29 cm	Oc1978,Q.839
90	玉璧	直径：15 cm / 厚：1 cm	1937,0416.140
91	小猎犬号上的 精密计时器	高：17.6 cm / 宽：20.8 cm / 厚：20.8 cm	1958,1006.1957

92	维多利亚早期的茶具	（最高的）高：14.4 cm /	1909,1201. 108
		宽：17.5 cm / 10.7 cm	
93	葛饰北斋的		2008,3008.1
	《神奈川冲浪里》	高：25.8 cm / 宽：37.9 cm	
94	苏丹豁鼓		Af1937,1108.1
95	遭女性参政论者损毁的	高：80 cm / 宽：271 cm / 厚：60 cm	1991,0733.1
	一便士币	直径：3.1 cm	
96	俄国革命瓷盘		1990, 0506.1
97	霍克尼的	宽：24.8 cm / 厚：2.87 cm	1981,1212.8.8
	《在平淡的村庄里》	高：35 cm / 宽：22.5 cm	
98	武器王座		Af2002,01.1
99	信用卡	高：101 cm / 宽：61 cm	2009,4128.2
100	太阳能灯具与充电器	高：4.5 cm / 宽：8.5 cm	
		高：17 cm / 宽：12.5 cm / 厚：13 cm	

致 谢

《大英博物馆世界简史》是与BBC广播四台合作完成的。如果没有马克·达马泽的鼎力支持，这个项目就不会诞生。谨向他致以最真挚的感谢。

感谢广播四台的责任编辑简·埃利森和大英博物馆公众联络部主任乔安娜·麦克勒，在她们的努力下，BBC与大英博物馆携手发掘出这一雄心勃勃的项目在广播四台之外的潜力。感谢罗勃·基特里奇和BBC音乐音频制作部门纪录片单位的编辑制作团队，其中包括菲利普·塞勒斯、安东尼·登塞洛、保罗·科布拉克、瑞贝卡·斯特拉特福德、简·刘易斯和塔姆辛·巴伯，是他们在电波中赋予了此节目鲜活的生命。

我是这个系列节目以及本书名义上的作者，但实际上，它们是许多人共同的劳动成果。《大英博物馆世界简史》的一点一滴都是集体智慧的结晶。正是众人的知识与才干、辛勤与奉献，才让它得以成书。这本书凝聚了许多人的心血，特此感谢那些与此项目息息相关的人士：感谢J.D.希尔、巴里·库克和本·罗伯茨广泛的策划研究与指导；感谢帕特里夏·惠特利与我及整个策划团队密切合作，完成了广播稿件，亦即本书的蓝本；感谢爱玛·凯莉对包括本书在内的大英博物馆的整个世界史项目的运作；感谢罗莎琳德·温顿和贝基·艾伦给予本书每个细节以及整个项目的莫大支持；感谢我最亲密的同仁——凯特·哈里斯、波利·米勒、丽萨·肖与副馆长安德鲁·伯内特的无尽耐心。

也要感谢各位管理员同仁、科学家和维护专家们，是他们的研究与知识支撑起了本书的每一节；感谢博物馆助理馆员在这几年中付出大量时间，让我们得以与这些物品进行前所未有的接触；感谢摄影团队提供图片。

还要感谢每一个为此项目及其开创性网站做出贡献的人。正是得益于跨英格兰、威尔士、北爱尔兰和苏格兰的整个BBC团队以及博物馆专业人士的付出与支持，这一项目所立足的理念才能吸引如此多的听众。

感谢BBC儿童频道，他们在一个学校项目的支持下，与大英博物馆合作，将本系列中十三个物品的故事制作成了别开生面的儿童电视节目。

感谢大英博物馆的汉娜·博尔顿、弗朗西斯·凯里、萨拉·卡罗尔、凯蒂·蔡尔兹、马修·科克、霍利·戴维斯、索尼亚·德奥斯、罗丝玛丽·福克斯、大卫·弗朗西斯、林恩·哈里森、卡罗琳·英厄姆、罗莎娜·夸克、苏珊·拉·尼斯、安·拉姆利、萨拉·马歇尔、皮帕·皮尔斯、大卫·普鲁登斯、苏珊·雷克斯、奥利薇娅·里克曼、玛格·西姆斯、克莱尔·汤姆林森和西蒙·威尔逊。

也感谢BBC的谢默斯·博伊德、克莱尔·伯戈因、凯瑟琳·坎贝尔、安德鲁·卡斯帕里、托尼·克拉布、希安·戴维斯、克雷格·亨德森、苏珊·洛弗尔、克里斯蒂娜·麦考利、克莱尔·麦克阿瑟、凯瑟琳·莫里森、杰米·雷、安吉拉·罗伯茨、保罗·沙金特、吉利恩·斯科森、桑娜·托德和克里斯汀·伍德曼。

最后，感谢埃伦莱恩公司的出版主任斯图尔特·普罗菲特，正是他提出了将这一系列广播节目做成图书的构想；感谢企鹅出版社的团队，其中包括安德鲁·巴克、詹姆斯·布莱克曼、珍妮特·达德利、理查德·杜吉德、卡罗琳·霍特布拉克、克莱尔·梅森、唐娜·波比、吉姆·斯托达德、尚·瓦希蒂；尤其感谢约翰·格里宾，是他不辞辛苦地把大部分广播稿转化为书稿。

特别感谢每一位参与筹备节目与本书的外界人士，是他们的声音丰富了我们对这些物品的认识，他们慷慨地献出了时间、学识与洞见。因篇幅所限，无法一一列举他们的姓名，但这并不意味着我的谢意会有分毫减少。

图书在版编目(CIP)数据

大英博物馆世界简史/(英)麦格雷戈著;余燕译.
-北京:新星出版社,2014.1
ISBN 978-7-5133-1308-7

Ⅰ.①大… Ⅱ.①麦…②余… Ⅲ.①世界史-通俗
读物 Ⅳ.①K109

中国版本图书馆CIP数据核字(2013)第235300号

著作权登记图字:01-2013-6243

大英博物馆世界简史

〔英〕尼尔·麦格雷戈 著
余燕 译

责任编辑 汪 欣
特邀编辑 袁 静 黄宁群
     刘昱含 陈 蒙
责任印制 廖 龙
装帧设计 韩 笑 朱柳柳
内文制作 杨兴艳

出 版 新星出版社 www.newstarpress.com
出 版 人 谢 刚
社 址 北京市西城区车公庄大街丙3号楼 邮编 100044
     电话 (010)88310888 传真 (010)65270449
发 行 新经典文化有限公司
     电话 (010)68423599 邮箱 editor@readinglife.com

印 刷 北京国彩印刷有限公司
开 本 700mm×1000mm 1/16
印 张 46
字 数 500千字
版 次 2014年1月第1版
     2014年2月第4次印刷
书 号 ISBN 978-7-5133-1308-7
定 价 108.00元(全三册)